T&P BOOKS

I0177309

MALAIO
VOCABULÁRIO

PALAVRAS MAIS ÚTEIS

PORTUGUÊS
MALAIO

Para alargar o seu léxico e apurar
as suas competências linguísticas

3000 palavras

Vocabulário Português-Malaio - 3000 palavras

Por Andrey Taranov, Victor Pogadaev

Os vocabulários da T&P Books destinam-se a ajudar a aprender, a memorizar, e a rever palavras estrangeiras. O dicionário é dividido em temas, cobrindo todas as principais esferas de atividades quotidianas, negócios, ciência, cultura, etc.

O processo de aprendizagem, utilizando os dicionários baseados em temáticas da T&P Books dá-lhe as seguintes vantagens:

- Informação de origem corretamente agrupada predetermina o sucesso em fases subsequentes da memorização de palavras
- Disponibilização de palavras derivadas da mesma raiz, o que permite a memorização de unidades de texto (em vez de palavras separadas)
- Pequenas unidades de palavras facilitam o processo de estabelecimento de vínculos associativos necessários para a consolidação do vocabulário
- O nível de conhecimento da língua pode ser estimado pelo número de palavras aprendidas

Copyright © 2019 T&P Books Publishing

Todos os direitos reservados. Nenhuma parte desta publicação pode ser reproduzida, total ou parcialmente, por quaisquer métodos ou processos, sejam eles eletrónicos, mecânicos, de fotocópia ou outros, sem a autorização escrita do editor. Esta publicação não pode ser divulgada, copiada ou distribuída em nenhum formato.

T&P Books Publishing
www.tpbooks.com

ISBN: 978-1-78400-958-8

Este livro também está disponível em formato E-book.
Por favor visite www.tpbooks.com ou as principais livrarias on-line.

VOCABULÁRIO MALAIO
palavras mais úteis

Os vocabulários da T&P Books destinam-se a ajudar a aprender, a memorizar, e a rever palavras estrangeiras. O vocabulário contém mais de 3000 palavras de uso comum organizadas tematicamente.

O vocabulário contém as palavras mais comummente usadas
Recomendado como adicional para qualquer curso de línguas
Satisfaz as necessidades dos iniciados e dos alunos avançados de línguas estrangeiras
Conveniente para o uso diário, sessões de revisão e atividades de auto-teste
Permite avaliar o seu vocabulário

Características especias do vocabulário

- As palavras estão organizadas de acordo com o seu significado, e não por ordem alfabética
- As palavras são apresentadas em três colunas para facilitar os processos de revisão e auto-teste
- As palavras compostas são divididas em pequenos blocos para facilitar o processo de aprendizagem
- O vocabulário oferece uma transcrição simples e adequada de cada palavra estrangeira

O vocabulário contém 101 tópicos incluindo:

Conceitos básicos, Números, Cores, Meses, Estações do ano, Unidades de medida, Roupas & Acessórios, Alimentos & Nutrição, Restaurante, Membros da Família, Parentes, Caráter, Sentimentos, Emoções, Doenças, Cidade, Passeios, Compras, Dinheiro, Casa, Lar, Escritório, Trabalho no Escritório, Importação & Exportação, Marketing, Pesquisa de Emprego, Desportos, Educação, Computador, Internet, Ferramentas, Natureza, Países, Nacionalidades e muito mais ...

TABELA DE CONTEÚDOS

GUIA DE PRONUNCIAÇÃO

Alfabeto fonético T&P	Exemplo Malaio	Exemplo Português

Vogais

[a]	naskhah [naskah]	chamar
[e]	lebar [lebar]	metal
[ɛ]	teman [tɛman]	mesquita
[i]	lidah [lidah]	sinónimo
[o]	blok [blok]	lobo
[u]	kebun [kɛbun]	bonita

Consoantes

[b]	burung [buruŋ]	barril
[d]	dunia [dunia]	dentista
[ʤ]	panjang [panʤaŋ]	adjetivo
[f]	platform [platform]	safári
[g]	granit [granit]	gosto
[ɣ]	spaghetti [spaɣeti]	agora
[j]	layar [lajar]	géiser
[h]	matahari [matahari]	[h] aspirada
[k]	mekanik [mekanik]	kiwi
[l]	lelaki [lɛlaki]	libra
[m]	memukul [mɛmukul]	magnólia
[n]	nenek [nenek]	natureza
[ŋ]	gunung [gunuŋ]	alcançar
[p]	pemuda [pɛmuda]	presente
[r]	rakyat [rakjat]	riscar
[s]	sembuh [sɛmbuh]	sanita
[ʃ]	champagne [ʃampejn]	mês
[t]	matematik [matɛmatik]	tulipa
[x]	akhirat [axirat]	fricativa uvular surda
[ʧ]	cacing [ʧaʧiŋ]	Tchau!
[ɕ]	syurga [ɕurga]	shiatsu
[v]	Taiwan [tajvan]	fava
[z]	zuriat [zuriat]	sésamo
[w]	penguasa [pɛŋwasa]	página web

ABREVIATURAS
usadas no vocabulário

Abreviaturas do Português

adj	-	adjetivo
adv	-	advérbio
anim.	-	animado
conj.	-	conjunção
desp.	-	desporto
etc.	-	etecetra
ex.	-	por exemplo
f	-	nome feminino
f pl	-	feminino plural
fem.	-	feminino
inanim.	-	inanimado
m	-	nome masculino
m pl	-	masculino plural
m, f	-	masculino, feminino
masc.	-	masculino
mat.	-	matemática
mil.	-	militar
pl	-	plural
prep.	-	preposição
pron.	-	pronome
sb.	-	sobre
sing.	-	singular
v aux	-	verbo auxiliar
vi	-	verbo intransitivo
vi, vt	-	verbo intransitivo, transitivo
vr	-	verbo reflexivo
vt	-	verbo transitivo

CONCEITOS BÁSICOS

1. Pronomes

eu	saya, aku	[saja], [aku]
tu	awak	[avak]
ele, ela	dia, ia	[dia], [ia]
nós	kami, kita	[kami], [kita]
vocês	kamu	[kamu]
você (sing.)	anda	[anda]
você (pl)	anda	[anda]
eles, elas (inanim.)	ia	[ia]
eles, elas (anim.)	mereka	[mɛreka]

2. Cumprimentos. Saudações

Olá!	Helo!	[helo]
Bom dia! (formal)	Helo!	[helo]
Bom dia! (de manhã)	Selamat pagi!	[sɛlamat pagi]
Boa tarde!	Selamat petang!	[sɛlamat pɛtaŋ]
Boa noite!	Selamat petang!	[sɛlamat pɛtaŋ]
cumprimentar (vt)	bersapa	[bɛrsapa]
Olá!	Hai!	[haj]
saudação (f)	sambutan	[sambutan]
saudar (vt)	menyambut	[mɛnjambut]
Como vai?	Apa khabar?	[apa kabar]
O que há de novo?	Apa yang baru?	[apa jaŋ baru]
Até à vista!	Sampai jumpa lagi!	[sampaj dʒumpa lagi]
Até breve!	Sampai jumpa lagi!	[sampaj dʒumpa lagi]
Adeus!	Selamat tinggal!	[sɛlamat tiŋgal]
despedir-se (vr)	minta diri	[minta diri]
Até logo!	Jumpa lagi!	[dʒumpa lagi]
Obrigado! -a!	Terima kasih!	[tɛrima kasih]
Muito obrigado! -a!	Terima kasih banyak!	[tɛrima kasih banjak]
De nada	Sama-sama	[sama sama]
Não tem de quê	Sama-sama!	[sama sama]
De nada	Sama-sama	[sama sama]
Desculpa!	Maaf!	[maaf]
Desculpe!	Minta maaf!	[minta maaf]
desculpar (vt)	memaafkan	[mɛmaafkan]
desculpar-se (vr)	minta maaf	[minta maaf]
As minhas desculpas	Maafkan saya	[maafkan saja]

Desculpe!	Maaf!	[maaf]
perdoar (vt)	memaafkan	[mɛmaafkan]
Não faz mal	Tidak apa-apa!	[tidak apa apa]
por favor	sila, tolong	[sila], [toloŋ]

Não se esqueça!	Jangan lupa!	[dʒaŋan lupa]
Certamente! Claro!	Tentu!	[tɛntu]
Claro que não!	Tentu tidak!	[tɛntu tidak]
Está bem! De acordo!	Setuju!	[sɛtudʒu]
Basta!	Cukuplah!	[ʧukuplah]

3. Questões

Quem?	Siapa?	[siapa]
Que?	Apa?	[apa]
Onde?	Di mana?	[di mana]
Para onde?	Ke mana?	[kɛ mana]
De onde?	Dari mana?	[dari mana]
Quando?	Bila?	[bila]
Para quê?	Untuk apa?	[untuk apa]
Porquê?	Mengapa?	[mɛŋapa]

Para quê?	Untuk apa?	[untuk apa]
Como?	Bagaimana?	[bagajmana]
Qual?	Apa? Yang mana?	[apa], [jaŋ mana]
Qual? (entre dois ou mais)	Yang mana?	[jaŋ mana]

A quem?	Kepada siapa?	[kɛpada siapa]
Sobre quem?	Tentang siapa?	[tɛntaŋ siapa]
Do quê?	Tentang apa?	[tɛntaŋ apa]
Com quem?	Dengan siapa?	[dɛŋan siapa]

| Quanto, -os, -as? | Berapa? | [brapa] |
| De quem? | Siapa punya? | [siapa punja] |

4. Preposições

com (prep.)	bersama dengan	[bɛrsama dɛŋan]
sem (prep.)	tanpa	[tanpa]
a, para (exprime lugar)	ke	[kɛ]
sobre (ex. falar ~)	tentang	[tɛntaŋ]
antes de ...	sebelum	[sɛbɛlum]
diante de ...	di depan	[di dɛpan]

sob (debaixo de)	di bawah	[di bavah]
sobre (em cima de)	di atas	[di atas]
sobre (~ a mesa)	di atas	[di atas]
de (vir ~ Lisboa)	dari	[dari]
de (feito ~ pedra)	daripada	[daripada]

| dentro de (~ dez minutos) | selepas | [sɛlɛpas] |
| por cima de ... | melalui | [mɛlalui] |

5. Palavras funcionais. Advérbios. Parte 1

Onde?	Di mana?	[di mana]
aqui	di sini	[di sini]
lá, ali	di situ	[di situ]

em algum lugar	pada sesuatu tempat	[pada sɛsuatu tɛmpat]
em lugar nenhum	tak di mana-mana	[tak di mana mana]

ao pé de ...	dekat, kat	[dɛkat], [kat]
ao pé da janela	kat tingkap	[kat tiŋkap]

Para onde?	Ke mana?	[kɛ mana]
para cá	ke sini	[kɛ sini]
para lá	ke situ	[kɛ situ]
daqui	dari sini	[dari sini]
de lá, dali	dari situ	[dari situ]

perto	dekat	[dɛkat]
longe	jauh	[dʒauh]

perto de ...	dekat	[dɛkat]
ao lado de	dekat	[dɛkat]
perto, não fica longe	tidak jauh	[tidak dʒauh]

esquerdo	kiri	[kiri]
à esquerda	di kiri	[di kiri]
para esquerda	ke kiri	[kɛ kiri]

direito	kanan	[kanan]
à direita	di kanan	[di kanan]
para direita	ke kanan	[kɛ kanan]

à frente	di depan	[di dɛpan]
da frente	depan	[dɛpan]
em frente (para a frente)	ke depan	[kɛ dɛpan]

atrás de ...	di belakang	[di blakaŋ]
por detrás (vir ~)	dari belakang	[dari blakaŋ]
para trás	mundur	[mundur]

meio (m), metade (f)	tengah	[tɛŋah]
no meio	di tengah	[di tɛŋah]

de lado	dari sisi	[dari sisi]
em todo lugar	di mana-mana	[di mana mana]
ao redor (olhar ~)	di sekitar	[di sɛkitar]

de dentro	dari dalam	[dari dalam]
para algum lugar	entah ke mana	[ɛntah kɛ mana]
diretamente	terus	[trus]
de volta	balik	[balik]

de algum lugar	dari sesuatu tempat	[dari sɛsuatu tɛmpat]
de um lugar	entah dari mana	[ɛntah dari mana]

em primeiro lugar	pertama	[pɛrtama]
em segundo lugar	kedua	[kɛdua]
em terceiro lugar	ketiga	[kɛtiga]

de repente	tiba-tiba	[tiba tiba]
no início	mula-mula	[mula mula]
pela primeira vez	pertama kali	[pɛrtama kali]
muito antes de ...	lama sebelum	[lama sɛbɛlum]
de novo, novamente	semula	[sɛmula]
para sempre	untuk selama-lamanya	[untuk sɛlama lamanja]

nunca	tidak sekali-kali	[tidak sɛkali kali]
de novo	lagi, semula	[lagi], [sɛmula]
agora	sekarang, kini	[sɛkaraŋ], [kini]
frequentemente	seringkali	[sɛriŋkali]
então	ketika itu	[kɛtika itu]
urgentemente	segera	[sɛgɛra]
usualmente	biasanya	[bijasanja]

a propósito, ...	oh ya	[o ja]
é possível	mungkin	[muŋkin]
provavelmente	mungkin	[muŋkin]
talvez	mungkin	[muŋkin]
além disso, ...	selain itu	[sɛlajn itu]
por isso ...	kerana itu	[krana itu]
apesar de ...	meskipun	[mɛskipun]
graças a ...	berkat	[bɛrkat]

que (pron.)	apa	[apa]
que (conj.)	bahawa	[bahva]
algo	sesuatu	[sɛsuatu]
alguma coisa	sesuatu	[sɛsuatu]
nada	tidak apa-apa	[tidak apa apa]

quem	siapa	[siapa]
alguém (~ teve uma ideia ...)	seseorang	[sɛsɛoraŋ]
alguém	seseorang	[sɛsɛoraŋ]

ninguém	tak seorang pun	[tak sɛoraŋ pun]
para lugar nenhum	tak ke mana pun	[tak ke mana pun]
de ninguém	tak bertuan	[tak bɛrtuan]
de alguém	milik seseorang	[milik sɛsɛoraŋ]

tão	begitu	[bɛgitu]
também (gostaria ~ de ...)	juga	[dʒuga]
também (~ eu)	juga	[dʒuga]

6. Palavras funcionais. Advérbios. Parte 2

Porquê?	Mengapa?	[mɛŋapa]
por alguma razão	entah mengapa	[ɛntah meŋapa]
porque ...	oleh kerana	[oleh krana]
por qualquer razão	entah untuk apa	[ɛntah untuk apa]
e (tu ~ eu)	dan	[dan]

ou (ser ~ não ser)	**atau**	[atau]
mas (porém)	**tetapi**	[tɛtapi]
para (~ a minha mãe)	**untuk**	[untuk]
demasiado, muito	**terlalu**	[tɛrlalu]
só, somente	**hanya**	[hanja]
exatamente	**tepat**	[tɛpat]
cerca de (~ 10 kg)	**sekitar**	[sɛkitar]
aproximadamente	**lebih kurang**	[lɛbih kuraŋ]
aproximado	**lebih kurang**	[lɛbih kuraŋ]
quase	**hampir**	[hampir]
resto (m)	**yang lain**	[jaŋ lajn]
o outro (segundo)	**kedua**	[kɛdua]
outro	**lain**	[lajn]
cada	**setiap**	[sɛtiap]
qualquer	**sebarang**	[sɛbaraŋ]
muito	**ramai, banyak**	[ramaj], [banjak]
muitas pessoas	**ramai orang**	[ramaj oraŋ]
todos	**semua**	[sɛmua]
em troca de …	**sebagai pertukaran untuk**	[sɛbagaj pɛrtukaran untuk]
em troca	**sebagai tukaran**	[sɛbagaj tukaran]
à mão	**dengan tangan**	[dɛŋan taŋan]
pouco provável	**mustahil**	[mustahil]
provavelmente	**mungkin**	[muŋkin]
de propósito	**sengaja**	[sɛŋadʒa]
por acidente	**tidak sengaja**	[tidak sɛŋadʒa]
muito	**sangat**	[saŋat]
por exemplo	**misalnya**	[misalnja]
entre	**antara**	[antara]
entre (no meio de)	**di antara**	[di antara]
tanto	**seberapa ini**	[sɛbrapa ini]
especialmente	**terutama**	[tɛrutama]

NÚMEROS. DIVERSOS

7. Números cardinais. Parte 1

zero	**sifar**	[sifar]
um	**satu**	[satu]
dois	**dua**	[dua]
três	**tiga**	[tiga]
quatro	**empat**	[ɛmpat]
cinco	**lima**	[lima]
seis	**enam**	[ɛnam]
sete	**tujuh**	[tudʒuh]
oito	**lapan**	[lapan]
nove	**sembilan**	[sɛmbilan]
dez	**sepuluh**	[sɛpuluh]
onze	**sebelas**	[sɛblas]
doze	**dua belas**	[dua blas]
treze	**tiga belas**	[tiga blas]
catorze	**empat belas**	[ɛmpat blas]
quinze	**lima belas**	[lima blas]
dezasseis	**enam belas**	[ɛnam blas]
dezassete	**tujuh belas**	[tudʒuh blas]
dezoito	**lapan belas**	[lapan blas]
dezanove	**sembilan belas**	[sɛmbilan blas]
vinte	**dua puluh**	[dua puluh]
vinte e um	**dua puluh satu**	[dua puluh satu]
vinte e dois	**dua puluh dua**	[dua puluh dua]
vinte e três	**dua puluh tiga**	[dua puluh tiga]
trinta	**tiga puluh**	[tiga puluh]
trinta e um	**tiga puluh satu**	[tiga puluh satu]
trinta e dois	**tiga puluh dua**	[tiga puluh dua]
trinta e três	**tiga puluh tiga**	[tiga puluh tiga]
quarenta	**empat puluh**	[ɛmpat puluh]
quarenta e um	**empat puluh satu**	[ɛmpat puluh satu]
quarenta e dois	**empat puluh dua**	[ɛmpat puluh dua]
quarenta e três	**empat puluh tiga**	[ɛmpat puluh tiga]
cinquenta	**lima puluh**	[lima puluh]
cinquenta e um	**lima puluh satu**	[lima puluh satu]
cinquenta e dois	**lima puluh dua**	[lima puluh dua]
cinquenta e três	**lima puluh tiga**	[lima puluh tiga]
sessenta	**enam puluh**	[ɛnam puluh]
sessenta e um	**enam puluh satu**	[ɛnam puluh satu]

| sessenta e dois | enam puluh dua | [ɛnam puluh dua] |
| sessenta e três | enam puluh tiga | [ɛnam puluh tiga] |

setenta	tujuh puluh	[tudʒuh puluh]
setenta e um	tujuh puluh satu	[tudʒuh puluh satu]
setenta e dois	tujuh puluh dua	[tudʒuh puluh dua]
setenta e três	tujuh puluh tiga	[tudʒuh puluh tiga]

oitenta	lapan puluh	[lapan puluh]
oitenta e um	lapan puluh satu	[lapan puluh satu]
oitenta e dois	lapan puluh dua	[lapan puluh dua]
oitenta e três	lapan puluh tiga	[lapan puluh tiga]

noventa	sembilan puluh	[sɛmbilan puluh]
noventa e um	sembulan puluh satu	[sɛmbulan puluh satu]
noventa e dois	sembilan puluh dua	[sɛmbilan puluh dua]
noventa e três	sembilan puluh tiga	[ɛembilan puluh tiga]

8. Números cardinais. Parte 2

cem	seratus	[sɛratus]
duzentos	dua ratus	[dua ratus]
trezentos	tiga ratus	[tiga ratus]
quatrocentos	empat ratus	[ɛmpat ratus]
quinhentos	lima ratus	[lima ratus]

seiscentos	enam ratus	[ɛnam ratus]
setecentos	tujuh ratus	[tudʒuh ratus]
oitocentos	lapan ratus	[lapan ratus]
novecentos	sembilan ratus	[sɛmbilan ratus]

mil	seribu	[sɛribu]
dois mil	dua ribu	[dua ribu]
De quem são ...?	tiga ribu	[tiga ribu]
dez mil	sepuluh ribu	[sɛpuluh ribu]
cem mil	seratus ribu	[sɛratus ribu]
um milhão	juta	[dʒuta]
mil milhões	billion	[billion]

9. Números ordinais

primeiro	pertama	[pɛrtama]
segundo	kedua	[kɛdua]
terceiro	ketiga	[kɛtiga]
quarto	keempat	[kɛɛmpat]
quinto	kelima	[kɛlima]

sexto	keenam	[kɛɛnam]
sétimo	ketujuh	[kɛtudʒuh]
oitavo	kelapan	[kɛlapan]
nono	kesembilan	[kɛsɛmbilan]
décimo	kesepuluh	[kɛsɛpuluh]

CORES. UNIDADES DE MEDIDA

10. Cores

cor (f)	warna	[varna]
matiz (m)	sisip warna	[sisip varna]
tom (m)	warna	[varna]
arco-íris (m)	pelangi	[pɛlaɲi]

branco	putih	[putih]
preto	hitam	[hitam]
cinzento	abu-abu	[abu abu]

verde	hijau	[hidʒau]
amarelo	kuning	[kuniŋ]
vermelho	merah	[merah]

azul	biru	[biru]
azul claro	biru muda	[biru muda]
rosa	merah jambu	[merah dʒambu]
laranja	oren, jingga	[oren], [dʒiŋga]
violeta	ungu	[uŋu]
castanho	coklat	[ʧoklat]

| dourado | emas | [ɛmas] |
| prateado | keperak-perakan | [kɛperak perakan] |

bege	kuning air	[kuniŋ air]
creme	putih kuning	[putih kuniŋ]
turquesa	firus	[firus]
vermelho cereja	merah ceri	[merah ʧeri]
lilás	ungu	[uŋu]
carmesim	merah lembayung	[merah lɛmbajuŋ]

claro	terang	[tɛraŋ]
escuro	gelap	[glap]
vivo	berkilau	[bɛrkilau]

de cor	berwarna	[bɛrvarna]
a cores	berwarna	[bɛrvarna]
preto e branco	hitam-putih	[hitam putih]
unicolor	polos	[polos]
multicor	beraneka warna	[bɛraneka varna]

11. Unidades de medida

| peso (m) | berat | [brat] |
| comprimento (m) | panjang | [pandʒaŋ] |

largura (f)	kelebaran	[kɛlebaran]
altura (f)	ketinggian	[kɛtiŋgian]
profundidade (f)	kedalaman	[kɛdalaman]
volume (m)	isi padu	[isi padu]
área (f)	luas	[luas]

grama (m)	gram	[gram]
miligrama (m)	miligram	[miligram]
quilograma (m)	kilogram	[kilogram]
tonelada (f)	tan	[tan]
libra (453,6 gramas)	paun	[paun]
onça (f)	auns	[auns]

metro (m)	meter	[metɛr]
milímetro (m)	milimeter	[milimetɛr]
centímetro (m)	sentimeter	[sentimetɛr]
quilómetro (m)	kilometer	[kilometɛr]
milha (f)	batu	[batu]

polegada (f)	inci	[intʃi]
pé (304,74 mm)	kaki	[kaki]
jarda (914,383 mm)	ela	[ela]

metro (m) quadrado	meter persegi	[metɛr pɛrsɛgi]
hectare (m)	hektar	[hektar]

litro (m)	liter	[litɛr]
grau (m)	darjah	[dardʒah]
volt (m)	volt	[volt]
ampere (m)	ampere	[amperɛ]
cavalo-vapor (m)	kuasa kuda	[kuasa kuda]

quantidade (f)	kuantiti	[kuantiti]
um pouco de ...	sedikit	[sɛdikit]
metade (f)	setengah	[sɛtɛŋah]
dúzia (f)	dozen	[dozen]
peça (f)	buah	[buah]

dimensão (f)	saiz, ukuran	[sajz], [ukuran]
escala (f)	skala	[skala]

mínimo	minimum	[minimum]
menor, mais pequeno	terkecil	[tɛrkɛtʃil]
médio	sederhana	[sɛdɛrhana]
máximo	maksimum	[maksimum]
maior, mais grande	terbesar	[tɛrbɛsar]

12. Recipientes

boião (m) de vidro	balang	[balaŋ]
lata (~ de cerveja)	tin	[tin]
balde (m)	baldi	[baldi]
barril (m)	tong	[toŋ]
bacia (~ de plástico)	besen	[besen]

tanque (m)	**tangki**	[taŋki]
cantil (m) de bolso	**kelalang, flask**	[kɛlalaŋ], [flask]
bidão (m) de gasolina	**tin**	[tin]
cisterna (f)	**tangki**	[taŋki]
caneca (f)	**koleh**	[koleh]
chávena (f)	**cawan**	[ʧavan]
pires (m)	**alas cawan**	[alas ʧavan]
copo (m)	**gelas**	[glas]
taça (f) de vinho	**gelas**	[glas]
panela, caçarola (f)	**periuk**	[priuk]
garrafa (f)	**botol**	[botol]
gargalo (m)	**leher**	[leher]
jarro, garrafa (f)	**serahi**	[sɛrahi]
jarro (m) de barro	**kendi**	[kɛndi]
recipiente (m)	**bekas**	[bɛkas]
pote (m)	**belanga**	[bɛlaŋa]
vaso (m)	**vas**	[vas]
frasco (~ de perfume)	**botol**	[botol]
frasquinho (ex. ~ de iodo)	**buli-buli**	[buli buli]
tubo (~ de pasta dentífrica)	**tiub**	[tiub]
saca (ex. ~ de açúcar)	**karung**	[karuŋ]
saco (~ de plástico)	**peket**	[peket]
maço (m)	**kotak**	[kotak]
caixa (~ de sapatos, etc.)	**kotak, peti**	[kotak], [pɛti]
caixa (~ de madeira)	**kotak**	[kotak]
cesta (f)	**bakul**	[bakul]

VERBOS PRINCIPAIS

13. Os verbos mais importantes. Parte 1

abrir (vt)	membuka	[mɛmbuka]
acabar, terminar (vt)	menamatkan	[mɛnamatkan]
aconselhar (vt)	menasihatkan	[mɛnasihatkan]
adivinhar (vt)	meneka	[mɛnɛka]
advertir (vt)	memperingati	[mɛmpɛriŋati]
ajudar (vt)	membantu	[mɛmbantu]
almoçar (vi)	makan tengah hari	[makan tɛŋah hari]
alugar (~ um apartamento)	menyewa	[mɛnjeva]
amar (vt)	mencintai	[mɛntʃintai]
ameaçar (vt)	mengugut	[mɛŋugut]
anotar (escrever)	mencatat	[mɛntʃatat]
apanhar (vt)	menangkap	[mɛnaŋkap]
apressar-se (vr)	tergesa-gesa	[tɛrgɛsa gɛsa]
arrepender-se (vr)	terkilan	[tɛrkilan]
assinar (vt)	menandatangani	[mɛnandataŋani]
atirar, disparar (vi)	menembak	[mɛnembak]
brincar (vi)	berjenaka	[bɛrdʒenaka]
brincar, jogar (crianças)	bermain	[bɛrmajn]
buscar (vt)	mencari	[mɛntʃari]
caçar (vi)	memburu	[mɛmburu]
cair (vi)	jatuh	[dʒatuh]
cavar (vt)	menggali	[mɛŋgali]
cessar (vt)	memberhentikan	[mɛmbɛrhɛntikan]
chamar (~ por socorro)	memanggil	[mɛmaŋgil]
chegar (vi)	datang	[dataŋ]
chorar (vi)	menangis	[mɛnaŋis]
começar (vt)	memulakan	[mɛmulakan]
comparar (vt)	membandingkan	[mɛmbandiŋkan]
compreender (vt)	memahami	[mɛmahami]
concordar (vi)	setuju	[sɛtudʒu]
confiar (vt)	mempercayai	[mɛmpɛrtʃajai]
confundir (equivocar-se)	mengelirukan	[mɛɲelirukan]
conhecer (vt)	kenal	[kɛnal]
contar (fazer contas)	menghitung	[mɛŋɣituŋ]
contar com (esperar)	mengharapkan	[mɛŋɣarapkan]
continuar (vt)	meneruskan	[mɛnɛruskan]
controlar (vt)	mengawal	[mɛŋaval]
convidar (vt)	menjemput	[mɛndʒɛmput]
correr (vi)	lari	[lari]

| criar (vt) | menciptakan | [mɛntʃiptakan] |
| custar (vt) | berharga | [bɛrharga] |

14. Os verbos mais importantes. Parte 2

dar (vt)	memberi	[mɛmbri]
dar uma dica	memberi bayangan	[mɛmbri bajaŋan]
decorar (enfeitar)	menghiasi	[mɛŋɣiasi]
defender (vt)	membela	[mɛmbɛla]
deixar cair (vt)	tercicir	[tɛrtʃitʃir]

descer (para baixo)	turun	[turun]
desculpar (vt)	memaafkan	[mɛmaafkan]
desculpar-se (vr)	minta maaf	[minta maaf]
dirigir (~ uma empresa)	memimpin	[mɛmimpin]
discutir (notícias, etc.)	membincangkan	[mɛmbintʃaŋkan]
dizer (vt)	berkata	[bɛrkata]

duvidar (vt)	ragu-ragu	[ragu ragu]
encontrar (achar)	menemui	[mɛnɛmui]
enganar (vt)	menipu	[mɛnipu]
entrar (na sala, etc.)	masuk	[masuk]
enviar (uma carta)	mengirim	[mɛŋirim]

errar (equivocar-se)	salah	[salah]
escolher (vt)	memilih	[mɛmilih]
esconder (vt)	menyorokkan	[mɛnjorokkan]
escrever (vt)	menulis	[mɛnulis]
esperar (o autocarro, etc.)	menunggu	[mɛnuŋgu]

esperar (ter esperança)	harap	[harap]
esquecer (vt)	melupakan	[mɛlupakan]
estar (vi)	sedang	[sɛdaŋ]
estudar (vt)	mempelajari	[mɛmpɛladʒari]
exigir (vt)	menuntut	[mɛnuntut]
existir (vi)	wujud	[vudʒud]

explicar (vt)	menjelaskan	[mɛndʒɛlaskan]
falar (vi)	bercakap	[bɛrtʃakap]
faltar (clases, etc.)	meninggalkan	[mɛniŋgalkan]
fazer (vt)	membuat	[mɛmbuat]
ficar em silêncio	diam	[diam]
gabar-se, jactar-se (vr)	bercakap besar	[bɛrtʃakap bɛsar]
gostar (apreciar)	suka	[suka]
gritar (vi)	berteriak	[bɛrtɛriak]
guardar (cartas, etc.)	menyimpan	[mɛnjimpan]
informar (vt)	memberitahu	[mɛmbritahu]
insistir (vi)	mendesak	[mɛndɛsak]

insultar (vt)	menghina	[mɛŋɣina]
interessar-se (vr)	menaruh minat	[mɛnaruh minat]
ir (a pé)	berjalan	[bɛrdʒalan]
ir nadar	mandi	[mandi]
jantar (vi)	makan malam	[makan malam]

15. Os verbos mais importantes. Parte 3

ler (vt)	membaca	[mɛmbatʃa]
libertar (cidade, etc.)	membebaskan	[mɛmbebaskan]
matar (vt)	membunuh	[mɛmbunuh]
mencionar (vt)	menyebut	[mɛnjebut]
mostrar (vt)	menunjukkan	[mɛnundʒukkan]

mudar (modificar)	mengubah	[mɛɲubah]
nadar (vi)	berenang	[bɛrɛnaŋ]
negar-se a ...	menolak	[mɛnolak]
objetar (vt)	membantah	[mɛmbantah]

observar (vt)	menyaksikan	[mɛnjaksikan]
ordenar (mil.)	memerintah	[mɛmɛrintah]
ouvir (vt)	mendengar	[mɛndɛŋar]
pagar (vt)	membayar	[mɛmbajar]
parar (vi)	berhenti	[bɛrhɛnti]

participar (vi)	menyertai	[mɛnjertai]
pedir (comida)	menempah	[mɛnɛmpah]
pedir (um favor, etc.)	meminta	[mɛminta]
pegar (tomar)	mengambil	[mɛŋambil]
pensar (vt)	berfikir	[bɛrfikir]

perceber (ver)	memerhatikan	[mɛmɛrhatikan]
perdoar (vt)	memaafkan	[mɛmaafkan]
perguntar (vt)	menyoal	[mɛnjoal]
permitir (vt)	mengizinkan	[mɛɲiziŋkan]
pertencer a ...	kepunyaan	[kɛpunjaan]

planear (vt)	merancang	[mɛrantʃaŋ]
poder (vi)	boleh	[bole]
possuir (vt)	memiliki	[mɛmiliki]
preferir (vt)	lebih suka	[lɛbih suka]
preparar (vt)	memasak	[mɛmasak]

prever (vt)	menjangkakan	[mɛndʒaŋkakan]
prometer (vt)	menjanji	[mɛndʒandʒi]
pronunciar (vt)	menyebut	[mɛnjebut]
propor (vt)	mencadangkan	[mɛntʃadaŋkan]
punir (castigar)	menghukum	[mɛŋɣukum]

16. Os verbos mais importantes. Parte 4

quebrar (vt)	memecahkan	[mɛmɛtʃahkan]
queixar-se (vr)	mengadu	[mɛŋadu]
querer (desejar)	mahu, hendak	[mahu], [hɛndak]
recomendar (vt)	menasihatkan	[mɛnasihatkan]
repetir (dizer outra vez)	mengulang	[mɛŋulaŋ]

| repreender (vt) | memarahi | [mɛmarahi] |
| reservar (~ um quarto) | menempah | [mɛnɛmpah] |

responder (vt)	menjawab	[mɛndʒavab]
rezar, orar (vi)	bersembahyang	[bɛrsɛmbahjaŋ]
rir (vi)	ketawa	[kɛtava]

roubar (vt)	mencuri	[mɛntʃuri]
saber (vt)	tahu	[tahu]
sair (~ de casa)	keluar	[kɛluar]
salvar (vt)	menyelamatkan	[mɛnjelamatkan]
seguir ...	mengikuti	[mɛŋikuti]

sentar-se (vr)	duduk	[duduk]
ser (vi)	ialah	[ialah]
ser necessário	diperlukan	[dipɛrlukan]
significar (vt)	bererti	[bɛrɛrti]

sorrir (vi)	senyum	[sɛnjum]
subestimar (vt)	memperkecilkan	[mɛmpɛrkɛtʃilkan]
surpreender-se (vr)	hairan	[hajran]
tentar (vt)	mencuba	[mɛntʃuba]

ter fome	lapar	[lapar]
ter medo	takut	[takut]
ter sede	haus	[haus]

tocar (com as mãos)	menyentuh	[mɛnjentuh]
tomar o pequeno-almoço	makan pagi	[makan pagi]
trabalhar (vi)	bekerja	[bɛkɛrdʒa]
traduzir (vt)	menterjemahkan	[mɛntɛrdʒemahkan]
unir (vt)	menyatukan	[mɛnjatukan]

vender (vt)	menjual	[mɛndʒual]
ver (vt)	melihat	[mɛlihat]
virar (ex. ~ à direita)	membelok	[mɛmblok]
voar (vi)	terbang	[tɛrbaŋ]

TEMPO. CALENDÁRIO

17. Dias da semana

segunda-feira (f)	Hari Isnin	[hari isnin]
terça-feira (f)	Hari Selasa	[hari sɛlasa]
quarta-feira (f)	Hari Rabu	[hari rabu]
quinta-feira (f)	Hari Khamis	[hari kamis]
sexta-feira (f)	Hari Jumaat	[hari dʒumaat]
sábado (m)	Hari Sabtu	[hari sabtu]
domingo (m)	Hari Ahad	[hari ahad]
hoje	hari ini	[hari ini]
amanhã	besok	[besok]
depois de amanhã	besok lusa	[besok lusa]
ontem	semalam	[sɛmalam]
anteontem	kelmarin	[kɛlmarin]
dia (m)	hari	[hari]
dia (m) de trabalho	hari kerja	[hari kɛrdʒa]
feriado (m)	cuti umum	[tʃuti umum]
dia (m) de folga	hari kelepasan	[hari kɛlɛpasan]
fim (m) de semana	hujung minggu	[hudʒuŋ miŋgu]
o dia todo	seluruh hari	[sɛluruh hari]
no dia seguinte	pada hari berikutnya	[pada hari bɛrikutnja]
há dois dias	dua hari lepas	[dua hari lɛpas]
na véspera	menjelang	[mɛndʒɛlaŋ]
diário	harian	[harian]
todos os dias	setiap hari	[sɛtiap hari]
semana (f)	minggu	[miŋgu]
na semana passada	pada minggu lepas	[pada miŋgu lɛpas]
na próxima semana	pada minggu berikutnya	[pada miŋgu bɛrikutnja]
semanal	mingguan	[miŋguan]
cada semana	setiap minggu	[sɛtiap miŋgu]
duas vezes por semana	dua kali seminggu	[dua kali sɛmiŋgu]
cada terça-feira	setiap Hari Selasa	[sɛtiap hari sɛlasa]

18. Horas. Dia e noite

manhã (f)	pagi	[pagi]
de manhã	pagi hari	[pagi hari]
meio-dia (m)	tengah hari	[tɛŋah hari]
à tarde	petang hari	[pɛtaŋ hari]
noite (f)	petang, malam	[pɛtaŋ], [malam]
à noite (noitinha)	pada waktu petang	[pada vaktu pɛtaŋ]

noite (f)	malam	[malam]
à noite	pada malam	[pada malam]
meia-noite (f)	tengah malam	[tɛŋah malam]

segundo (m)	saat	[saat]
minuto (m)	minit	[minit]
hora (f)	jam	[dʒam]
meia hora (f)	separuh jam	[sɛparuh dʒam]
quarto (m) de hora	suku jam	[suku dʒam]
quinze minutos	lima belas minit	[lima blas minit]
vinte e quatro horas	siang malam	[siaŋ malam]

nascer (m) do sol	matahari terbit	[matahari tɛrbit]
amanhecer (m)	subuh	[subuh]
madrugada (f)	awal pagi	[aval pagi]
pôr do sol (m)	matahari terbenam	[matahari tɛrbɛnam]

de madrugada	pagi-pagi	[pagi pagi]
hoje de manhã	pagi ini	[pagi ini]
amanhã de manhã	besok pagi	[bɛsok pagi]

hoje à tarde	petang ini	[pɛtaŋ ini]
à tarde	petang hari	[pɛtaŋ hari]
amanhã à tarde	besok petang	[besok pɛtaŋ]

| hoje à noite | petang ini | [pɛtaŋ ini] |
| amanhã à noite | besok malam | [besok malam] |

às três horas em ponto	pukul 3 tepat	[pukul tiga tɛpat]
por volta das quatro	sekitar pukul 4	[sɛkitar pukul ɛmpat]
às doze	sampai pukul 12	[sampaj pukul dua blas]

dentro de vinte minutos	selepas 20 minit	[sɛlɛpas dua puluh minit]
dentro duma hora	selepas satu jam	[sɛlɛpas satu dʒam]
a tempo	tepat pada masanya	[tɛpat pada masanja]

menos um quarto	kurang suku	[kuraŋ suku]
durante uma hora	selama sejam	[sɛlama sɛdʒam]
a cada quinze minutos	setiap 15 minit	[sɛtiap lima blas minit]
as vinte e quatro horas	siang malam	[siaŋ malam]

19. Meses. Estações

janeiro (m)	Januari	[dʒanuari]
fevereiro (m)	Februari	[februari]
março (m)	Mac	[matʃ]
abril (m)	April	[april]
maio (m)	Mei	[mej]
junho (m)	Jun	[dʒun]

julho (m)	Julai	[dʒulaj]
agosto (m)	Ogos	[ogos]
setembro (m)	September	[septembɛr]
outubro (m)	Oktober	[oktobɛr]

novembro (m)	November	[novembɛr]
dezembro (m)	Disember	[disembɛr]
primavera (f)	musim bunga	[musim buŋa]
na primavera	pada musim bunga	[pada musim buŋa]
primaveril	musim bunga	[musim buŋa]
verão (m)	musim panas	[musim panas]
no verão	pada musim panas	[pada musim panas]
de verão	musim panas	[musim panas]
outono (m)	musim gugur	[musim gugur]
no outono	pada musim gugur	[pada musim gugur]
outonal	musim gugur	[musim gugur]
inverno (m)	musim sejuk	[musim sɛdʒuk]
no inverno	pada musim sejuk	[pada musim sɛdʒuk]
de inverno	musim sejuk	[musim sɛdʒuk]
mês (m)	bulan	[bulan]
este mês	pada bulan ini	[pada bulan ini]
no próximo mês	pada bulan berikutnya	[pada bulan bɛrikutnja]
no mês passado	pada bulan yang lepas	[pada bulan jaŋ lɛpas]
há um mês	sebulan lepas	[sɛbulan lɛpas]
dentro de um mês	selepas satu bulan	[sɛlɛpas satu bulan]
dentro de dois meses	selepas 2 bulan	[sɛlɛpas dua bulan]
todo o mês	seluruh bulan	[sɛluruh bulan]
um mês inteiro	seluruh bulan	[sɛluruh bulan]
mensal	bulanan	[bulanan]
mensalmente	setiap bulan	[sɛtiap bulan]
cada mês	setiap bulan	[sɛtiap bulan]
duas vezes por mês	dua kali sebulan	[dua kali sɛbulan]
ano (m)	tahun	[tahun]
este ano	pada tahun ini	[pada tahun ini]
no próximo ano	pada tahun berikutnya	[pada tahun bɛrikutnja]
no ano passado	pada tahun yang lepas	[pada tahun jaŋ lɛpas]
há um ano	setahun lepas	[setahun lɛpas]
dentro dum ano	selepas satu tahun	[sɛlɛpas satu tahun]
dentro de 2 anos	selepas 2 tahun	[sɛlɛpas dua tahun]
todo o ano	seluruh tahun	[sɛluruh tahun]
um ano inteiro	seluruh tahun	[sɛluruh tahun]
cada ano	setiap tahun	[sɛtiap tahun]
anual	tahunan	[tahunan]
anualmente	setiap tahun	[sɛtiap tahun]
quatro vezes por ano	empat kali setahun	[ɛmpat kali sɛtahun]
data (~ de hoje)	tarikh	[tarih]
data (ex. ~ de nascimento)	tarikh	[tarih]
calendário (m)	takwim	[takvim]
meio ano	separuh tahun	[sɛparuh tahun]
seis meses	separuh tahun	[sɛparuh tahun]

| estação (f) | musim | [musim] |
| século (m) | abad | [abad] |

VIAGENS. HOTEL

20. Viagens

turismo (m)	pelancongan	[pɛlantʃoŋan]
turista (m)	pelancong	[pɛlantʃoŋ]
viagem (f)	pengembaraan	[pɛŋɛmbaraan]
aventura (f)	petualangan	[pɛtualaŋan]
viagem (f)	lawatan	[lavatan]
férias (f pl)	cuti	[tʃuti]
estar de férias	bercuti	[bɛrtʃuti]
descanso (m)	rehat	[rehat]
comboio (m)	kereta api	[kreta api]
de comboio (chegar ~)	naik kereta api	[naik kreta api]
avião (m)	kapal terbang	[kapal tɛrbaŋ]
de avião	naik kapal terbang	[naik kapal tɛrbaŋ]
de carro	naik kereta	[naik kreta]
de navio	naik kapal	[naik kapal]
bagagem (f)	bagasi	[bagasi]
mala (f)	beg pakaian	[beg pakajan]
carrinho (m)	troli bagasi	[troli bagasi]
passaporte (m)	pasport	[pasport]
visto (m)	visa	[visa]
bilhete (m)	tiket	[tiket]
bilhete (m) de avião	tiket kapal terbang	[tiket kapal tɛrbaŋ]
guia (m) de viagem	buku panduan pelancongan	[buku panduan pɛlantʃoŋan]
mapa (m)	peta	[pɛta]
local (m), area (f)	kawasan	[kavasan]
lugar, sítio (m)	tempat duduk	[tɛmpat duduk]
exotismo (m)	keeksotikan	[kɛeksotikan]
exótico	eksotik	[eksotik]
surpreendente	menakjubkan	[mɛnakdʒubkan]
grupo (m)	kumpulan	[kumpulan]
excursão (f)	darmawisata	[darmavisata]
guia (m)	pemandu pelancong	[pɛmandu pɛlantʃoŋ]

21. Hotel

hotel (m)	hotel	[hotel]
motel (m)	motel	[motel]

três estrelas	tiga bintang	[tiga bintaŋ]
cinco estrelas	lima bintang	[lima bintaŋ]
ficar (~ num hotel)	menumpang	[mɛnumpaŋ]

quarto (m)	bilik	[bilik]
quarto (m) individual	bilik untuk satu orang	[bilik untuk satu oraŋ]
quarto (m) duplo	bilik kelamin	[bilik kɛlamin]
reservar um quarto	menempah bilik	[mɛnempah bilik]

meia pensão (f)	penginapan tanpa makanan	[pɛɲinapan tanpa makanan]
pensão (f) completa	penginapan dengan makanan	[pɛɲinapan dɛŋan makanan]

com banheira	dengan tab mandi	[dɛŋan tab mandi]
com duche	dengan pancaran air	[dɛŋan pantʃaran air]
televisão (m) satélite	televisyen satelit	[televiʃɛn satɛlit]
ar (m) condicionado	penghawa dingin	[pɛŋɣava diɲin]
toalha (f)	tuala	[tuala]
chave (f)	kunci	[kuntʃi]

administrador (m)	pentadbir	[pɛntadbir]
camareira (f)	pengemas rumah	[pɛŋɛmas rumah]
bagageiro (m)	porter	[portɛr]
porteiro (m)	penjaga pintu	[pɛndʒaga pintu]

restaurante (m)	restoran	[restoran]
bar (m)	bar	[bar]
pequeno-almoço (m)	makan pagi	[makan pagi]
jantar (m)	makan malam	[makan malam]
buffet (m)	jamuan berselerak	[dʒamuan bɛrsɛlerak]

hall (m) de entrada	ruang legar	[ruaŋ legar]
elevador (m)	lif	[lif]

NÃO PERTURBE	JANGAN MENGGANGGU	[dʒaŋan mɛŋgaŋgu]
PROIBIDO FUMAR!	DILARANG MEROKOK!	[dilaraŋ mɛrokok]

22. Turismo

monumento (m)	tugu	[tugu]
fortaleza (f)	kubu	[kubu]
palácio (m)	istana	[istana]
castelo (m)	istana kota	[istana kota]
torre (f)	menara	[mɛnara]
mausoléu (m)	mausoleum	[mausoleum]

arquitetura (f)	seni bina	[sɛni bina]
medieval	abad pertengahan	[abad pɛrtɛŋahan]
antigo	kuno	[kuno]
nacional	nasional	[nasional]
conhecido	terkenal	[tɛrkɛnal]

turista (m)	pelancong	[pɛlantʃoŋ]
guia (pessoa)	pemandu	[pɛmandu]

excursão (f)	darmawisata	[darmavisata]
mostrar (vt)	menunjukkan	[mɛnundʒukkan]
contar (vt)	menceritakan	[mɛntʃɛritakan]

encontrar (vt)	mendapati	[mɛndapati]
perder-se (vr)	kehilangan	[kɛhilaŋan]
mapa (~ do metrô)	peta	[pɛta]
mapa (~ da cidade)	pelan	[plan]

lembrança (f), presente (m)	cenderamata	[tʃɛndramata]
loja (f) de presentes	kedai cenderamata	[kedaj tʃɛndramata]
fotografar (vt)	mengambil gambar	[mɛŋambil gambar]
fotografar-se	bergambar	[bɛrgambar]

TRANSPORTES

23. Aeroporto

aeroporto (m)	lapangan terbang	[lapaŋan tɛrbaŋ]
avião (m)	kapal terbang	[kapal tɛrbaŋ]
companhia (f) aérea	syarikat penerbangan	[ɕarikat pɛnɛrbaŋan]
controlador (m) de tráfego aéreo	pengawal lalu lintas udara	[pɛŋaval lalu lintas udara]

partida (f)	berlepas	[bɛrlɛpas]
chegada (f)	ketibaan	[kɛtibaan]
chegar (~ de avião)	tiba	[tiba]

hora (f) de partida	waktu berlepas	[vaktu bɛrlɛpas]
hora (f) de chegada	waktu ketibaan	[vaktu kɛtibaan]

estar atrasado	terlewat	[tɛrlevat]
atraso (m) de voo	kelewatan penerbangan	[kelevatan pɛnɛrbaŋan]

painel (m) de informação	skrin paparan maklumat	[skrin paparan maklumat]
informação (f)	maklumat	[maklumat]
anunciar (vt)	mengumumkan	[mɛŋumumkan]
voo (m)	penerbangan	[pɛnɛrbaŋan]

alfândega (f)	kastam	[kastam]
funcionário (m) da alfândega	anggota kastam	[aŋgota kastam]

declaração (f) alfandegária	ikrar kastam	[ikrar kastam]
preencher (vt)	mengisi	[mɛɲisi]
preencher a declaração	mengisi ikrar kastam	[mɛɲisi ikrar kastam]
controlo (m) de passaportes	pemeriksaan pasport	[pɛmɛriksaan pasport]

bagagem (f)	bagasi	[bagasi]
bagagem (f) de mão	bagasi tangan	[bagasi taŋan]
carrinho (m)	troli	[troli]

aterragem (f)	pendaratan	[pɛndaratan]
pista (f) de aterragem	jalur mendarat	[dʒalur mɛndarat]
aterrar (vi)	mendarat	[mɛndarat]
escada (f) de avião	tangga kapal terbang	[taŋga kapal tɛrbaŋ]

check-in (m)	pendaftaran	[pɛndaftaran]
balcão (m) do check-in	kaunter daftar masuk	[kauntɛr daftar masuk]
fazer o check-in	berdaftar	[bɛrdaftar]
cartão (m) de embarque	pas masuk	[pas masuk]
porta (f) de embarque	pintu berlepas	[pintu bɛrlɛpas]

trânsito (m)	transit	[transit]
esperar (vi, vt)	menunggu	[mɛnuŋgu]

sala (f) de espera	balai menunggu	[balaj mɛnuŋgu]
despedir-se de ...	menghantarkan	[mɛɲyantarkan]
despedir-se (vr)	minta diri	[minta diri]

24. Avião

avião (m)	kapal terbang	[kapal tɛrbaŋ]
bilhete (m) de avião	tiket kapal terbang	[tiket kapal tɛrbaŋ]
companhia (f) aérea	syarikat penerbangan	[ɕarikat pɛnɛrbaŋan]
aeroporto (m)	lapangan terbang	[lapaŋan tɛrbaŋ]
supersónico	supersonik	[supersonik]

comandante (m) do avião	kapten kapal	[kaptɛn kapal]
tripulação (f)	anak buah	[anak buah]
piloto (m)	juruterbang	[dʒurutɛrbaŋ]
hospedeira (f) de bordo	pramugari	[pramugari]
copiloto (m)	pemandu	[pɛmandu]

asas (f pl)	sayap	[sajap]
cauda (f)	ekor	[ekor]
cabine (f) de pilotagem	kokpit	[kokpit]
motor (m)	enjin	[endʒin]

| trem (m) de aterragem | roda pendarat | [roda pɛndarat] |
| turbina (f) | turbin | [turbin] |

| hélice (f) | baling-baling | [baliŋ baliŋ] |
| caixa-preta (f) | kotak hitam | [kotak hitam] |

| coluna (f) de controlo | kemudi | [kɛmudi] |
| combustível (m) | bahan bakar | [bahan bakar] |

instruções (f pl) de segurança	kad keselamatan	[kad kɛsɛlamatan]
máscara (f) de oxigénio	topeng oksigen	[topeŋ oksigɛn]
uniforme (m)	pakaian seragam	[pakajan sɛragam]

| colete (m) salva-vidas | jaket keselamatan | [dʒaket kɛsɛlamatan] |
| paraquedas (m) | payung terjun | [pajuŋ tɛrdʒun] |

descolagem (f)	berlepas	[bɛrlɛpas]
descolar (vi)	berlepas	[bɛrlɛpas]
pista (f) de descolagem	landasan berlepas	[landasan bɛrlɛpas]

| visibilidade (f) | darjah penglihatan | [dardʒah pɛŋlihatan] |
| voo (m) | penerbangan | [pɛnɛrbaŋan] |

| altura (f) | ketinggian | [kɛtiŋgian] |
| poço (m) de ar | lubang udara | [lubaŋ udara] |

assento (m)	tempat duduk	[tɛmpat duduk]
auscultadores (m pl)	pendengar telinga	[pɛndɛŋar tɛliŋa]
mesa (f) rebatível	meja lipat	[medʒa lipat]
vigia (f)	tingkap kapal terbang	[tiŋkap kapal tɛrbaŋ]
passagem (f)	laluan	[laluan]

25. Comboio

comboio (m)	kereta api	[kreta api]
comboio (m) suburbano	tren elektrik	[tren elektrik]
comboio (m) rápido	kereta api cepat	[kreta api ʧɛpat]
locomotiva (f) diesel	lokomotif	[lokomotif]
locomotiva (f) a vapor	kereta api	[kreta api]
carruagem (f)	gerabak penumpang	[gɛrabak pɛnumpaŋ]
carruagem restaurante (f)	gerabak makan minum	[gɛrabak makan minum]
carris (m pl)	rel	[rel]
caminho de ferro (m)	jalan kereta api	[dʒalan kreta api]
travessa (f)	kayu landas	[kaju landas]
plataforma (f)	platform	[platform]
linha (f)	trek landasan	[trek landasan]
semáforo (m)	lampu isyarat	[lampu iҫarat]
estação (f)	stesen	[stesen]
maquinista (m)	pemandu kereta api	[pɛmandu kreta api]
bagageiro (m)	porter	[portɛr]
hospedeiro, -a	konduktor kereta api	[konduktor kreta api]
(da carruagem)		
passageiro (m)	penumpang	[pɛnumpaŋ]
revisor (m)	konduktor	[konduktor]
corredor (m)	koridor	[koridor]
freio (m) de emergência	brek kecemasan	[brek kɛʧɛmasan]
compartimento (m)	petak gerabak	[petak gɛrabak]
cama (f)	bangku	[baŋku]
cama (f) de cima	bangku atas	[baŋku atas]
cama (f) de baixo	bangku bawah	[baŋku bavah]
roupa (f) de cama	linen	[linen]
bilhete (m)	tiket	[tiket]
horário (m)	jadual waktu	[dʒadual vaktu]
painel (m) de informação	paparan jadual	[paparan dʒadual]
partir (vt)	berlepas	[bɛrlɛpas]
partida (f)	perlepasan	[pɛrlɛpasan]
chegar (vi)	tiba	[tiba]
chegada (f)	ketibaan	[kɛtibaan]
chegar de comboio	datang naik kereta api	[dataŋ naik kreta api]
apanhar o comboio	naik kereta api	[naik kreta api]
sair do comboio	turun kereta api	[turun kreta api]
acidente (m) ferroviário	kemalangan	[kɛmalaŋan]
descarrilar (vi)	keluar rel	[kɛluar rel]
locomotiva (f) a vapor	kereta api	[kreta api]
fogueiro (m)	tukang api	[tukaŋ api]
fornalha (f)	tungku	[tuŋku]
carvão (m)	arang	[araŋ]

33

26. Barco

| navio (m) | kapal | [kapal] |
| embarcação (f) | kapal | [kapal] |

vapor (m)	kapal api	[kapal api]
navio (m)	kapal	[kapal]
transatlântico (m)	kapal laut	[kapal laut]
cruzador (m)	kapal penjelajah	[kapal pɛndʒɛladʒah]

iate (m)	kapal persiaran	[kapal pɛrsiaran]
rebocador (m)	kapal tunda	[kapal tunda]
barcaça (f)	tongkang	[toŋkaŋ]
ferry (m)	feri	[feri]

| veleiro (m) | kapal layar | [kapal lajar] |
| bergantim (m) | kapal brigantine | [kapal brigantinɛ] |

| quebra-gelo (m) | kapal pemecah ais | [kapal pɛmɛtʃah ajs] |
| submarino (m) | kapal selam | [kapal sɛlam] |

bote, barco (m)	perahu	[prahu]
bote, dingue (m)	sekoci	[sɛkotʃi]
bote (m) salva-vidas	sekoci penyelamat	[sɛkotʃi pɛnjelamat]
lancha (f)	motobot	[motobot]

capitão (m)	kapten	[kaptɛn]
marinheiro (m)	kelasi	[kɛlasi]
marujo (m)	pelaut	[pɛlaut]
tripulação (f)	anak buah	[anak buah]

contramestre (m)	nakhoda	[naxoda]
grumete (m)	kadet kapal	[kadet kapal]
cozinheiro (m) de bordo	tukang masak	[tukaŋ masak]
médico (m) de bordo	doktor kapal	[doktor kapal]

convés (m)	dek	[dek]
mastro (m)	tiang	[tiaŋ]
vela (f)	layar	[lajar]

porão (m)	palka	[palka]
proa (f)	haluan	[haluan]
popa (f)	buritan	[buritan]
remo (m)	kayuh	[kajuh]
hélice (f)	baling-baling	[baliŋ baliŋ]

camarote (m)	kabin, bilik	[kabin], [bilik]
sala (f) dos oficiais	bilik pegawai kapal	[bilik pɛgavaj kapal]
sala (f) das máquinas	bilik enjin	[bilik endʒin]
ponte (m) de comando	anjungan kapal	[andʒuŋan kapal]
sala (f) de comunicações	bilik siaran radio	[bilik siaran radio]
onda (f) de rádio	gelombang	[gɛlombaŋ]
diário (m) de bordo	buku log	[buku log]
luneta (f)	teropong kecil	[tɛropoŋ kɛtʃil]
sino (m)	loceng	[lotʃeŋ]

bandeira (f)	**bendera**	[bɛndera]
cabo (m)	**tali**	[tali]
nó (m)	**simpul**	[simpul]
corrimão (m)	**susur tangan**	[susur taŋan]
prancha (f) de embarque	**tangga kapal**	[taŋga kapal]
âncora (f)	**sauh**	[sauh]
recolher a âncora	**mengangkat sauh**	[mɛŋaŋkat sauh]
lançar a âncora	**berlabuh**	[bɛrlabuh]
amarra (f)	**rantai sauh**	[rantaj sauh]
porto (m)	**pelabuhan**	[pɛlabuhan]
cais, amarradouro (m)	**jeti**	[dʒeti]
atracar (vi)	**merapat**	[mɛrapat]
desatracar (vi)	**berlepas**	[bɛrlɛpas]
viagem (f)	**pengembaraan**	[pɛŋɛmbaraan]
cruzeiro (m)	**pelayaran pesiaran**	[pɛlajaran pɛsiaran]
rumo (m), rota (f)	**haluan**	[haluan]
itinerário (m)	**laluan**	[laluan]
canal (m) navegável	**aluran pelayaran**	[aluran pɛlajaran]
banco (m) de areia	**beting**	[bɛtiŋ]
encalhar (vt)	**karam**	[karam]
tempestade (f)	**badai**	[badaj]
sinal (m)	**peluit**	[pɛluit]
afundar-se (vr)	**tenggelam**	[tɛŋgɛlam]
Homem ao mar!	**Orang jatuh ke laut!**	[oraŋ dʒatuh kɛ laut]
SOS	**SOS**	[sos]
boia (f) salva-vidas	**pelambung keselamatan**	[pɛlambuŋ kɛsɛlamatan]

CIDADE

27. Transportes urbanos

autocarro (m)	bas	[bas]
elétrico (m)	trem	[trem]
troleicarro (m)	bas elektrik	[bas elektrik]
itinerário (m)	laluan	[laluan]
número (m)	nombor	[nombor]

ir de ... (carro, etc.)	naik	[naik]
entrar (~ no autocarro)	naik	[naik]
descer de ...	turun	[turun]

paragem (f)	perhentian	[pɛrhɛntian]
próxima paragem (f)	perhentian berikut	[pɛrhɛntian bɛrikut]
ponto (m) final	perhentian akhir	[pɛrhɛntian aχir]
horário (m)	jadual waktu	[dʒadual vaktu]
esperar (vt)	menunggu	[mɛnuŋgu]

bilhete (m)	tiket	[tiket]
custo (m) do bilhete	harga tiket	[harga tiket]

bilheteiro (m)	juruwang, kasyier	[dʒuruvaŋ], [kaʃier]
controlo (m) dos bilhetes	pemeriksaan tiket	[pɛmɛriksaan tiket]
revisor (m)	konduktor	[konduktor]

atrasar-se (vr)	lambat	[lambat]
perder (o autocarro, etc.)	ketinggalan	[kɛtiŋgalan]
estar com pressa	tergesa-gesa	[tɛrgɛsa gɛsa]

táxi (m)	teksi	[teksi]
taxista (m)	pemandu teksi	[pɛmandu teksi]
de táxi (ir ~)	naik teksi	[naik tɛksi]
praça (f) de táxis	perhentian teksi	[pɛrhɛntian teksi]
chamar um táxi	memanggil teksi	[mɛmaŋgil teksi]
apanhar um táxi	mengambil teksi	[mɛŋambil teksi]

tráfego (m)	lalu lintas, trafik	[lalu lintas], [trafik]
engarrafamento (m)	kesesakan trafik	[kɛsɛsakan trafik]
horas (f pl) de ponta	jam sibuk	[dʒam sibuk]
estacionar (vi)	meletak kereta	[mɛlɛtak kreta]
estacionar (vt)	meletak	[mɛlɛtak]
parque (m) de estacionamento	tempat meletak	[tɛmpat mɛlɛtak]

metro (m)	LRT	[ɛl ar ti]
estação (f)	stesen	[stesen]
ir de metro	naik LRT	[naik ɛl ar ti]
comboio (m)	kereta api, tren	[kreta api], [tren]
estação (f)	stesen kereta api	[stesen kreta api]

28. Cidade. Vida na cidade

cidade (f)	bandar	[bandar]
capital (f)	ibu negara	[ibu nɛgara]
aldeia (f)	kampung	[kampuŋ]
mapa (m) da cidade	pelan bandar	[plan bandar]
centro (m) da cidade	pusat bandar	[pusat bandar]
subúrbio (m)	pinggir bandar	[piŋgir bandar]
suburbano	pinggir bandar	[piŋgir bandar]
periferia (f)	pinggir	[piŋgir]
arredores (m pl)	persekitaran	[pɛrɛekitaran]
quarteirão (m)	blok	[blok]
quarteirão (m) residencial	blok kediaman	[blok kɛdiaman]
tráfego (m)	lalu lintas, trafik	[lalu lintas], [trafik]
semáforo (m)	lampu isyarat	[lampu iɕarat]
transporte (m) público	pengangkutan awam bandar	[pɛŋaŋkutan avam bandar]
cruzamento (m)	persimpangan	[pɛrsimpaŋan]
passadeira (f)	lintasan pejalan kaki	[lintasan pɛdʒalan kaki]
passagem (f) subterrânea	terowong pejalan kaki	[tɛrovoŋ pɛdʒalan kaki]
cruzar, atravessar (vt)	melintas	[mɛlintas]
peão (m)	pejalan kaki	[pɛdʒalan kaki]
passeio (m)	kaki lima	[kaki lima]
ponte (f)	jambatan	[dʒambatan]
margem (f) do rio	jalan tepi sungai	[dʒalan tɛpi suŋaj]
fonte (f)	pancutan air	[pantʃutan air]
alameda (f)	lorong	[loroŋ]
parque (m)	taman	[taman]
bulevar (m)	boulevard	[bulevard]
praça (f)	dataran	[dataran]
avenida (f)	lebuh	[lɛbuh]
rua (f)	jalan	[dʒalan]
travessa (f)	lorong	[loroŋ]
beco (m) sem saída	buntu	[buntu]
casa (f)	rumah	[rumah]
edifício, prédio (m)	bangunan	[baŋunan]
arranha-céus (m)	cakar langit	[tʃakar laŋit]
fachada (f)	muka	[muka]
telhado (m)	bumbung	[bumbuŋ]
janela (f)	tingkap	[tiŋkap]
arco (m)	lengkung	[lɛŋkuŋ]
coluna (f)	tiang	[tiaŋ]
esquina (f)	sudut	[sudut]
montra (f)	cermin pameran	[tʃɛrmin pameran]
letreiro (m)	papan nama	[papan nama]
cartaz (m)	poster	[postɛr]

| cartaz (m) publicitário | poster iklan | [postɛr iklan] |
| painel (m) publicitário | papan iklan | [papan iklan] |

lixo (m)	sampah	[sampah]
cesta (f) do lixo	tong sampah	[toŋ sampah]
jogar lixo na rua	menyepah	[mɛnjepah]
aterro (m) sanitário	tempat sampah	[tɛmpat sampah]

cabine (f) telefónica	pondok telefon	[pondok telefon]
candeeiro (m) de rua	tiang lampu jalan	[tiaŋ lampu dʒalan]
banco (m)	bangku	[baŋku]

polícia (m)	anggota polis	[aŋgota polis]
polícia (instituição)	polis	[polis]
mendigo (m)	pengemis	[pɛŋɛmis]
sem-abrigo (m)	orang yang tiada	[oraŋ jaŋ tiada
	tempat berteduh	tɛmpat bɛrtɛduh]

29. Instituições urbanas

loja (f)	kedai	[kɛdaj]
farmácia (f)	kedai ubat	[kɛdaj ubat]
ótica (f)	kedai optik	[kɛdaj optik]
centro (m) comercial	pusat membeli-belah	[pusat membli blah]
supermercado (m)	pasaraya	[pasaraja]

padaria (f)	kedai roti	[kɛdaj roti]
padeiro (m)	pembakar roti	[pɛmbakar roti]
pastelaria (f)	kedai kuih	[kɛdaj kuih]
mercearia (f)	barang-barang runcit	[baraŋ baraŋ runtʃit]
talho (m)	kedai daging	[kɛdaj dagiŋ]

| loja (f) de legumes | kedai sayur | [kɛdaj sajur] |
| mercado (m) | pasar | [pasar] |

café (m)	kedai kopi	[kɛdaj kopi]
restaurante (m)	restoran	[restoran]
bar (m), cervejaria (f)	kedai bir	[kɛdaj bir]
pizzaria (f)	kedai piza	[kɛdaj piza]

salão (m) de cabeleireiro	kedai gunting rambut	[kɛdaj guntiŋ rambut]
correios (m pl)	pejabat pos	[pɛdʒabat pos]
lavandaria (f)	kedai cucian kering	[kedaj tʃutʃian kɛriŋ]
estúdio (m) fotográfico	studio foto	[studio foto]

sapataria (f)	kedai kasut	[kɛdaj kasut]
livraria (f)	kedai buku	[kɛdaj buku]
loja (f) de artigos de desporto	kedai barang sukan	[kɛdaj baraŋ sukan]

reparação (f) de roupa	pembaikan baju	[pɛmbaikan badʒu]
aluguer (m) de roupa	sewaan kostum	[sevaan kostum]
aluguer (m) de filmes	sewa filem	[seva filɛm]
circo (m)	sarkas	[sarkas]
jardim (m) zoológico	zoo	[zu]

cinema (m)	pawagam	[pavagam]
museu (m)	muzium	[muzium]
biblioteca (f)	perpustakaan	[pɛrpustakaan]

teatro (m)	teater	[teatɛr]
ópera (f)	opera	[opɛra]
clube (m) noturno	kelab malam	[klab malam]
casino (m)	kasino	[kasino]

mesquita (f)	masjid	[masdʒid]
sinagoga (f)	saumaah	[saumaah]
catedral (f)	katedral	[katɛdral]
templo (m)	rumah ibadat	[rumah ibadat]
igreja (f)	gereja	[gɛredʒa]

instituto (m)	institut	[institut]
universidade (f)	universiti	[univɛrsiti]
escola (f)	sekolah	[sɛkolah]

prefeitura (f)	prefekture	[prefekturɛ]
câmara (f) municipal	dewan bandaran	[devan bandaran]
hotel (m)	hotel	[hotel]
banco (m)	bank	[baŋk]

embaixada (f)	kedutaan besar	[kɛdutaan bɛsar]
agência (f) de viagens	agensi pelancongan	[agensi pɛlanʧoŋan]
agência (f) de informações	pejabat penerangan	[pɛdʒabat pɛnɛraŋan]
casa (f) de câmbio	pusat pertukaran mata wang	[pusat pɛrtukaran mata vaŋ]

| metro (m) | LRT | [ɛl ar ti] |
| hospital (m) | hospital | [hospital] |

| posto (m) de gasolina | stesen minyak | [stesen minjak] |
| parque (m) de estacionamento | tempat letak kereta | [tɛmpat lɛtak kreta] |

30. Sinais

letreiro (m)	papan nama	[papan nama]
inscrição (f)	tulisan	[tulisan]
cartaz, póster (m)	poster	[postɛr]
sinal (m) informativo	penunjuk	[pɛnundʒuk]
seta (f)	anak panah	[anak panah]

aviso (advertência)	peringatan	[pɛriŋatan]
sinal (m) de aviso	amaran	[amaran]
avisar, advertir (vt)	memperingati	[mɛmpɛriŋati]

dia (m) de folga	hari kelepasan	[hari kɛlɛpasan]
horário (m)	jadual waktu	[dʒadual vaktu]
horário (m) de funcionamento	waktu pejabat	[vaktu pɛdʒabat]

| BEM-VINDOS! | SELAMAT DATANG! | [sɛlamat dataŋ] |
| ENTRADA | MASUK | [masuk] |

SAÍDA	KELUAR	[kɛluar]
EMPURRE	TOLAK	[tolak]
PUXE	TARIK	[tarik]
ABERTO	BUKA	[buka]
FECHADO	TUTUP	[tutup]

MULHER	PEREMPUAN	[pɛrɛmpuan]
HOMEM	LELAKI	[lɛlaki]

DESCONTOS	POTONGAN	[potoŋan]
SALDOS	JUALAN MURAH	[dʒualan murah]
NOVIDADE!	BARU!	[baru]
GRÁTIS	PERCUMA	[pɛrtʃuma]

ATENÇÃO!	PERHATIAN!	[pɛrhatian]
NÃO HÁ VAGAS	TIDAK ADA TEMPAT DUDUK YANG KOSONG	[tidak ada tɛmpat duduk jaŋ kosoŋ]
RESERVADO	DITEMPAH	[ditɛmpah]

ADMINISTRAÇÃO	PENTADBIRAN	[pɛntadbiran]
SOMENTE PESSOAL AUTORIZADO	KAKITANGAN SAJA	[kakitaŋan sadʒa]

CUIDADO CÃO FEROZ	AWAS, ANJING GANAS!	[avas], [andʒiŋ ganas]
PROIBIDO FUMAR!	DILARANG MEROKOK!	[dilaraŋ mɛrokok]
NÃO TOCAR	JANGAN SENTUH!	[dʒaŋan sɛntuh]

PERIGOSO	BERBAHAYA	[bɛrbahaja]
PERIGO	BAHAYA	[bahaja]
ALTA TENSÃO	VOLTAN TINGGI	[voltan tiŋgi]
PROIBIDO NADAR	DILARANG BERENANG!	[dilaraŋ bɛrɛnaŋ]
AVARIADO	ROSAK	[rosak]

INFLAMÁVEL	MUDAH TERBAKAR	[mudah tɛrbakar]
PROIBIDO	DILARANG	[dilaraŋ]
ENTRADA PROIBIDA	DILARANG MASUK!	[dilaraŋ masuk]
CUIDADO TINTA FRESCA	CAT BASAH	[tʃat basah]

31. Compras

comprar (vt)	membeli	[mɛmbli]
compra (f)	belian	[blian]
fazer compras	membeli-belah	[mɛmbli blah]
compras (f pl)	berbelanja	[bɛrblandʒa]

estar aberta (loja, etc.)	buka	[buka]
estar fechada	tutup	[tutup]

calçado (m)	kasut	[kasut]
roupa (f)	pakaian	[pakajan]
cosméticos (m pl)	alat solek	[alat solek]
alimentos (m pl)	bahan makanan	[bahan makanan]
presente (m)	hadiah	[hadiah]
vendedor (m)	penjual	[pɛndʒual]

vendedora (f)	**jurujual perempuan**	[dʒurudʒual pɛrɛmpuan]
caixa (f)	**tempat juruwang**	[tɛmpat dʒuruvaŋ]
espelho (m)	**cermin**	[ʧɛrmin]
balcão (m)	**kaunter**	[kaunter]
cabine (f) de provas	**bilik acu**	[bilik aʧu]
provar (vt)	**mencuba**	[mɛnʧuba]
servir (vi)	**sesuai**	[sɛsuaj]
gostar (apreciar)	**suka**	[suka]
preço (m)	**harga**	[harga]
etiqueta (f) de preço	**tanda harga**	[tanda harga]
custar (vt)	**berharga**	[bɛrharga]
Quanto?	**Berapa?**	[brapa]
desconto (m)	**potongan**	[potoŋan]
não caro	**tidak mahal**	[tidak mahal]
barato	**murah**	[murah]
caro	**mahal**	[mahal]
É caro	**Ini mahal**	[ini mahal]
aluguer (m)	**sewaan**	[sevaan]
alugar (vestidos, etc.)	**menyewa**	[mɛnjeva]
crédito (m)	**pinjaman**	[pindʒaman]
a crédito	**dengan pinjaman sewa beli**	[dɛŋan pindʒaman seva eli]

VESTUÁRIO & ACESSÓRIOS

32. Roupa exterior. Casacos

roupa (f)	pakaian	[pakajan]
roupa (f) exterior	pakaian luar	[pakajan luar]
roupa (f) de inverno	pakaian musim sejuk	[pakajan musim sɛdʒuk]
sobretudo (m)	kot luaran	[kot luaran]
casaco (m) de peles	kot bulu	[kot bulu]
casaco curto (m) de peles	jaket berbulu	[dʒaket berbulu]
casaco (m) acolchoado	kot bulu pelepah	[kot bulu pɛlɛpah]
casaco, blusão (m)	jaket	[dʒaket]
impermeável (m)	baju hujan	[badʒu hudʒan]
impermeável	kalis air	[kalis air]

33. Vestuário de homem & mulher

camisa (f)	baju	[badʒu]
calças (f pl)	seluar	[sɛluar]
calças (f pl) de ganga	seluar jean	[sɛluar dʒin]
casaco (m) de fato	jaket	[dʒaket]
fato (m)	suit	[suit]
vestido (ex. ~ vermelho)	gaun	[gaun]
saia (f)	skirt	[skirt]
blusa (f)	blaus	[blaus]
casaco (m) de malha	jaket kait	[dʒaket kait]
casaco, blazer (m)	jaket	[dʒaket]
T-shirt, camiseta (f)	baju kaus	[badʒu kaus]
calções (Bermudas, etc.)	seluar pendek	[sɛluar pendek]
fato (m) de treino	pakaian sukan	[pakajan sukan]
roupão (m) de banho	jubah mandi	[dʒubah mandi]
pijama (m)	pijama	[pidʒama]
suéter (m)	sweater	[svetɛr]
pulôver (m)	pullover	[pullovɛr]
colete (m)	rompi	[rompi]
fraque (m)	kot bajang	[kot badʒaŋ]
smoking (m)	toksedo	[toksedo]
uniforme (m)	pakaian seragam	[pakajan sɛragam]
roupa (f) de trabalho	pakaian kerja	[pakajan kɛrdʒa]
fato-macaco (m)	baju monyet	[badʒu monjet]
bata (~ branca, etc.)	baju	[badʒu]

34. Vestuário. Roupa interior

roupa (f) interior	pakaian dalam	[pakajan dalam]
cuecas boxer (f pl)	seluar dalam lelaki	[sɛluar dalam lɛlaki]
cuecas (f pl)	seluar dalam perempuan	[sɛluar dalam pɛrɛmpuan]
camisola (f) interior	singlet	[siŋlet]
peúgas (f pl)	sok	[sok]
camisa (f) de noite	baju tidur	[badʒu tidur]
sutiã (m)	kutang	[kutaŋ]
meias longas (f pl)	stoking sampai lutut	[stokiŋ sampaj lutut]
meia-calça (f)	sarung kaki	[saruŋ kaki]
meias (f pl)	stoking	[stokiŋ]
fato (m) de banho	pakaian renang	[pakajan rɛnaŋ]

35. Adereços de cabeça

chapéu (m)	topi	[topi]
chapéu (m) de feltro	topi bulat	[topi bulat]
boné (m) de beisebol	topi besbol	[topi besbol]
boné (m)	kep	[kep]
boina (f)	beret	[beret]
capuz (m)	hud	[hud]
panamá (m)	topi panama	[topi panama]
gorro (m) de malha	topi kait	[topi kait]
lenço (m)	tudung	[tuduŋ]
chapéu (m) de mulher	topi perempuan	[topi pɛrɛmpuan]
capacete (m) de proteção	topi besi	[topi bɛsi]
bibico (m)	topi lipat	[topi lipat]
capacete (m)	helmet	[helmet]
chapéu-coco (m)	topi bulat	[topi bulat]
chapéu (m) alto	topi pesulap	[topi pɛsulap]

36. Calçado

calçado (m)	kasut	[kasut]
botinas (f pl)	but	[but]
sapatos (de salto alto, etc.)	kasut wanita	[kasut vanita]
botas (f pl)	kasut lars	[kasut lars]
pantufas (f pl)	selipar	[slipar]
ténis (m pl)	kasut tenis	[kasut tenis]
sapatilhas (f pl)	kasut kets	[kasut kets]
sandálias (f pl)	sandal	[sandal]
sapateiro (m)	tukang kasut	[tukaŋ kasut]
salto (m)	tumit	[tumit]

par (m)	sepasang	[sɛpasaŋ]
atacador (m)	tali kasut	[tali kasut]
apertar os atacadores	mengikat tali	[meŋikat tali]
calçadeira (f)	sudu kasut	[sudu kasut]
graxa (f) para calçado	belaking	[bɛlakiŋ]

37. Acessórios pessoais

luvas (f pl)	sarung tangan	[saruŋ taŋan]
mitenes (f pl)	miten	[mitɛn]
cachecol (m)	selendang	[sɛlendaŋ]

óculos (m pl)	kaca mata	[katʃa mata]
armação (f) de óculos	bingkai, rim	[biŋkaj], [rim]
guarda-chuva (m)	payung	[pajuŋ]
bengala (f)	tongkat	[toŋkat]
escova (f) para o cabelo	berus rambut	[brus rambut]
leque (m)	kipas	[kipas]

gravata (f)	tai	[taj]
gravata-borboleta (f)	tali leher kupu-kupu	[tali leher kupu kupu]
suspensórios (m pl)	tali bawat	[tali bavat]
lenço (m)	sapu tangan	[sapu taŋan]

pente (m)	sikat	[sikat]
travessão (m)	cucuk rambut	[tʃutʃuk rambut]
gancho (m) de cabelo	pin rambut	[pin rambut]
fivela (f)	gancu	[gantʃu]

| cinto (m) | ikat pinggang | [ikat piŋgaŋ] |
| correia (f) | tali beg | [tali beg] |

mala (f)	beg	[beg]
mala (f) de senhora	beg tangan	[beg taŋan]
mochila (f)	beg galas	[beg galas]

38. Vestuário. Diversos

moda (f)	fesyen	[feʃɛn]
na moda	berfesyen	[bɛrfeʃɛn]
estilista (m)	pereka fesyen	[pɛreka feʃɛn]

colarinho (m), gola (f)	kerah	[krah]
bolso (m)	saku	[saku]
de bolso	saku	[saku]
manga (f)	lengan	[lɛŋan]
alcinha (f)	gelung sangkut	[gɛluŋ saŋkut]
braguilha (f)	golbi	[golbi]

fecho (m) de correr	zip	[zip]
fecho (m), colchete (m)	kancing	[kantʃiŋ]
botão (m)	butang	[butaŋ]

| casa (f) de botão | lubang butang | [lubaŋ butaŋ] |
| soltar-se (vr) | terlepas | [tɛrlɛpas] |

coser, costurar (vi)	menjahit	[mɛndʒahit]
bordar (vt)	menyulam	[mɛnjulam]
bordado (m)	sulaman	[sulaman]
agulha (f)	jarum	[dʒarum]
fio (m)	benang	[bɛnaŋ]
costura (f)	jahitan	[dʒahitan]

sujar-se (vr)	menjadi kotor	[mɛndʒadi kotor]
mancha (f)	tompok	[tompok]
engelhar-se (vr)	renyuk	[rɛnjuk]
rasgar (vt)	merobek	[mɛrobek]
traça (f)	gegat	[gɛgat]

39. Cuidados pessoais. Cosméticos

pasta (f) de dentes	ubat gigi	[ubat gigi]
escova (f) de dentes	berus gigi	[bɛrus gigi]
escovar os dentes	memberus gigi	[mɛmbɛrus gigi]

máquina (f) de barbear	pisau cukur	[pisau tʃukur]
creme (m) de barbear	krim cukur	[krim tʃukur]
barbear-se (vr)	bercukur	[bɛrtʃukur]

| sabonete (m) | sabun | [sabun] |
| champô (m) | syampu | [ʃampu] |

tesoura (f)	gunting	[guntiŋ]
lima (f) de unhas	kikir kuku	[kikir kuku]
corta-unhas (m)	pemotong kuku	[pɛmotoŋ kuku]
pinça (f)	penyepit kecil	[pɛnjepit kɛtʃil]

cosméticos (m pl)	alat solek	[alat solek]
máscara (f) facial	masker	[maskɛr]
manicura (f)	manicure	[mɛnikjur]
fazer a manicura	melakukan perawatan kuku tangan	[mɛlakukan pɛravatan kuku taŋan]
pedicure (f)	pedicure	[pɛdikjur]

mala (f) de maquilhagem	beg mekap	[beg mekap]
pó (m)	bedak	[bɛdak]
caixa (f) de pó	kotak bedak	[kotak bɛdak]
blush (m)	pemerah pipi	[pɛmerah pipi]

perfume (m)	minyak wangi	[minjak vaŋi]
água (f) de toilette	air wangi	[air vaŋi]
loção (f)	losen	[losen]
água-de-colónia (f)	air kolong	[air koloŋ]

sombra (f) de olhos	pembayang mata	[pɛmbajaŋ mata]
lápis (m) delineador	pensel kening	[pensel kɛniŋ]
máscara (f), rímel (m)	maskara	[maskara]

batom (m)	gincu bibir	[gintʃu bibir]
verniz (m) de unhas	pengilat kuku	[peɲilat kuku]
laca (f) para cabelos	penyembur rambut	[pɛnjembur rambut]
desodorizante (m)	deodoran	[deodoran]

creme (m)	krim	[krim]
creme (m) de rosto	krim muka	[krim muka]
creme (m) de mãos	krim tangan	[krim taŋan]
creme (m) antirrugas	krim antikerut	[krim antikɛrut]
creme (m) de dia	krim siang	[krim siaŋ]
creme (m) de noite	krim malam	[krim malam]
de dia	siang	[siaŋ]
da noite	malam	[malam]

tampão (m)	tampon	[tampon]
papel (m) higiénico	kertas tandas	[kɛrtas tandas]
secador (m) elétrico	pengering rambut	[pɛŋeriŋ rambut]

40. Relógios de pulso. Relógios

relógio (m) de pulso	jam tangan	[dʒam taŋan]
mostrador (m)	permukaan jam	[permukaan dʒam]
ponteiro (m)	jarum	[dʒarum]
bracelete (f) em aço	gelang jam tangan	[gɛlaŋ dʒam taŋan]
bracelete (f) em couro	tali jam	[tali dʒam]

pilha (f)	bateri	[batɛri]
descarregar-se	luput	[luput]
trocar a pilha	menukar bateri	[menukar batɛri]
estar adiantado	kecepatan	[kɛtʃɛpatan]
estar atrasado	ketinggalan	[kɛtiŋgalan]

relógio (m) de parede	jam dinding	[dʒam dindiŋ]
ampulheta (f)	jam pasir	[dʒam pasir]
relógio (m) de sol	jam matahari	[dʒam matahari]
despertador (m)	jam loceng	[dʒam lotʃeŋ]
relojoeiro (m)	tukang jam	[tukaŋ dʒam]
reparar (vt)	membaiki	[mɛmbaiki]

EXPERIÊNCIA DO QUOTIDIANO

41. Dinheiro

dinheiro (m)	wang	[vaŋ]
câmbio (m)	pertukaran	[pɛrtukaran]
taxa (f) de câmbio	kadar pertukaran	[kadar pɛrtukaran]
Caixa Multibanco (m)	ATM	[ɛj ti ɛm]
moeda (f)	syiling	[ʃiliŋ]
dólar (m)	dolar	[dolar]
euro (m)	euro	[euro]
lira (f)	lire Itali	[lirɛ itali]
marco (m)	Deutsche Mark	[dojtʃe mark]
franco (m)	franc	[fraŋk]
libra (f) esterlina	paun	[paun]
iene (m)	yen	[jen]
dívida (f)	hutang	[hutaŋ]
devedor (m)	si berhutang	[si bɛrhutaŋ]
emprestar (vt)	meminjamkan	[mɛmindʒamkan]
pedir emprestado	meminjam	[mɛmindʒam]
banco (m)	bank	[baŋk]
conta (f)	akaun	[akaun]
depositar (vt)	memasukkan	[mɛmasukkan]
depositar na conta	memasukkan ke dalam akaun	[mɛmasukkan ke dalam akaun]
levantar (vt)	mengeluarkan wang	[mɛŋɛluarkan vaŋ]
cartão (m) de crédito	kad kredit	[kad kredit]
dinheiro (m) vivo	wang tunai	[vaŋ tunaj]
cheque (m)	cek	[tʃek]
passar um cheque	menulis cek	[mɛnulis tʃek]
livro (m) de cheques	buku cek	[buku tʃek]
carteira (f)	beg duit	[beg duit]
porta-moedas (m)	dompet	[dompet]
cofre (m)	peti besi	[pɛti bɛsi]
herdeiro (m)	pewaris	[pɛvaris]
herança (f)	warisan	[varisan]
fortuna (riqueza)	kekayaan	[kɛkajaan]
arrendamento (m)	sewa	[seva]
renda (f) de casa	sewa rumah	[seva rumah]
alugar (vt)	menyewa	[mɛnjeva]
preço (m)	harga	[harga]
custo (m)	kos	[kos]

soma (f)	jumlah	[dʒumlah]
gastar (vt)	menghabiskan	[mɛŋɣabiskan]
gastos (m pl)	belanja	[blandʒa]
economizar (vi)	menjimatkan	[mɛndʒimatkan]
económico	cermat	[ʧɛrmat]

pagar (vt)	membayar	[mɛmbajar]
pagamento (m)	pembayaran	[pɛmbajaran]
troco (m)	sisa wang	[sisa vaŋ]

imposto (m)	cukai	[ʧukaj]
multa (f)	denda	[dɛnda]
multar (vt)	mendenda	[mɛndɛnda]

42. Correios. Serviço postal

correios (m pl)	pejabat pos	[pɛdʒabat pos]
correio (m)	mel	[mel]
carteiro (m)	posmen	[posmen]
horário (m)	waktu pejabat	[vaktu pɛdʒabat]

carta (f)	surat	[surat]
carta (f) registada	surat berdaftar	[surat bɛrdaftar]
postal (m)	poskad	[poskad]
telegrama (m)	telegram	[telegram]
encomenda (f) postal	kiriman pos	[kiriman pos]
remessa (f) de dinheiro	kiriman wang	[kiriman vaŋ]

receber (vt)	menerima	[mɛnɛrima]
enviar (vt)	mengirim	[mɛŋirim]
envio (m)	pengiriman	[pɛŋiriman]
endereço (m)	alamat	[alamat]
código (m) postal	poskod	[poskod]
remetente (m)	pengirim	[pɛŋirim]
destinatário (m)	penerima	[pɛnɛrima]

nome (m)	nama	[nama]
apelido (m)	nama keluarga	[nama kɛluarga]
tarifa (f)	tarif	[tarif]
ordinário	biasa, lazim	[biasa], [lazim]
económico	ekonomik	[ekonomik]

peso (m)	berat	[brat]
pesar (estabelecer o peso)	menimbang	[mɛnimbaŋ]
envelope (m)	sampul surat	[sampul surat]
selo (m)	setem	[sɛtem]
colar o selo	melekatkan setem	[mɛlɛkatkan ɛetem]

43. Banca

banco (m)	bank	[baŋk]
sucursal, balcão (f)	cawangan	[ʧavaŋan]

consultor (m)	perunding	[pɛrundiŋ]
gerente (m)	pengurus	[pɛŋurus]

conta (f)	akaun	[akaun]
número (m) da conta	nombor akaun	[nombor akaun]
conta (f) corrente	akaun semasa	[akaun sɛmasa]
conta (f) poupança	akaun simpanan	[akaun simpanan]

abrir uma conta	membuka akaun	[mɛmbuka akaun]
fechar uma conta	menutup akaun	[mɛnutup akaun]
depositar na conta	memasukkan wang ke dalam akaun	[mɛmasukkan vaŋ kɛ dalam akaun]
levantar (vt)	mengeluarkan wang	[mɛŋɛluarkan vaŋ]

depósito (m)	simpanan wang	[simpanan vaŋ]
fazer um depósito	memasukkan wang	[mɛmasukkan vaŋ]
transferência (f) bancária	transfer	[transfer]
transferir (vt)	mengirim duit	[mɛŋirim duit]

soma (f)	jumlah	[dʒumlah]
Quanto?	Berapa?	[brapa]

assinatura (f)	tanda tangan	[tanda taŋan]
assinar (vt)	menandatangani	[mɛnandataŋani]

cartão (m) de crédito	kad kredit	[kad kredit]
código (m)	kod	[kod]
número (m) do cartão de crédito	nombor kad kredit	[nombor kad kredit]
Caixa Multibanco (m)	ATM	[ɛj ti ɛm]

cheque (m)	cek	[tʃek]
passar um cheque	menulis cek	[mɛnulis tʃek]
livro (m) de cheques	buku cek	[buku tʃek]

empréstimo (m)	pinjaman	[pindʒaman]
pedir um empréstimo	meminta pinjaman	[mɛminta pindʒaman]
obter um empréstimo	mengambil pinjaman	[mɛŋambil pindʒaman]
conceder um empréstimo	memberi pinjaman	[mɛmbri pindʒaman]
garantia (f)	jaminan	[dʒaminan]

44. Telefone. Conversação telefónica

telefone (m)	telefon	[telefon]
telemóvel (m)	telefon bimbit	[telefon bimbit]
secretária (f) electrónica	mesin menjawab panggilan telefon	[mesin mɛndʒavab paŋgilan telefon]

fazer uma chamada	menelefon	[mɛnelefon]
chamada (f)	panggilan telefon	[paŋgilan telefon]

marcar um número	mendail nombor	[mɛndajl nombor]
Alô!	Helo!	[helo]
perguntar (vt)	menyoal	[mɛnjoal]

49

responder (vt)	menjawab	[mɛndʒavab]
ouvir (vt)	mendengar	[mɛndɛŋar]
bem	baik	[baik]
mal	buruk	[buruk]
ruído (m)	bising	[bisiŋ]

auscultador (m)	gagang	[gagaŋ]
pegar o telefone	mengankat gagang telefon	[mɛŋaŋkat gagaŋ telefon]
desligar (vi)	meletakkan gagang telefon	[mɛlɛtakkan gagaŋ telefon]

ocupado	sibuk	[sibuk]
tocar (vi)	berdering	[bɛrdɛriŋ]
lista (f) telefónica	buku panduan telefon	[buku panduan telefon]

local	tempatan	[tɛmpatan]
chamada (f) local	panggilan tempatan	[paŋgilan tɛmpatan]
de longa distância	antarabandar	[antarabandar]
chamada (f) de longa distância	panggilan antarabandar	[paŋgilan antarabandar]
internacional	antarabangsa	[antarabaŋsa]
chamada (f) internacional	panggilan antarabangsa	[paŋgilan antarabaŋsa]

45. Telefone móvel

telemóvel (m)	telefon bimbit	[telefon bimbit]
ecrã (m)	peranti paparan	[pɛranti paparan]
botão (m)	tombol	[tombol]
cartão SIM (m)	Kad SIM	[kad sim]

bateria (f)	bateri	[batɛri]
descarregar-se	nyahcas	[njahʧas]
carregador (m)	pengecas	[pɛŋɛʧas]

menu (m)	menu	[menu]
definições (f pl)	setting	[setiŋ]
melodia (f)	melodi nada dering	[melodi nada dɛriŋ]
escolher (vt)	memilih	[mɛmilih]
calculadora (f)	mesin hitung	[mesin hituŋ]
correio (m) de voz	mesin menjawab panggilan telefon	[mesin mɛndʒavab paŋgilan telefon]
despertador (m)	jam loceng	[dʒam loʧeŋ]
contatos (m pl)	buku panduan telefon	[buku panduan telefon]

mensagem (f) de texto	SMS, khidmat pesanan ringkas	[ɛs ɛm ɛs], [hidmat pɛsanan riŋkas]
assinante (m)	pelanggan	[pɛlaŋgan]

46. Estacionário

caneta (f)	pena mata bulat	[pɛna mata bulat]
caneta (f) tinteiro	pena tinta	[pɛna tinta]

lápis (m)	pensel	[pensel]
marcador (m)	pen penyerlah	[pen pɛnjerlah]
caneta (f) de feltro	marker	[marker]

| bloco (m) de notas | buku catatan | [buku ʧatatan] |
| agenda (f) | buku harian | [buku harian] |

régua (f)	kayu pembaris	[kaju pɛmbaris]
calculadora (f)	mesin hitung	[mesin hituŋ]
borracha (f)	getah pemadam	[gɛtah pɛmadam]
pionés (m)	paku tekan	[paku tɛkan]
clipe (m)	klip kertas	[klip kɛrtas]

cola (f)	perekat	[pɛrɛkat]
agrafador (m)	pengokot	[pɛŋokot]
furador (m)	penebuk	[pɛnɛbuk]
afia-lápis (m)	pengasah pensel	[pɛŋasah pensel]

47. Línguas estrangeiras

língua (f)	bahasa	[bahasa]
estrangeiro	asing	[asiŋ]
língua (f) estrangeira	bahasa asing	[bahasa asiŋ]
estudar (vt)	mempelajari	[mɛmpɛladʒari]
aprender (vt)	belajar	[bɛladʒar]

ler (vt)	membaca	[mɛmbaʧa]
falar (vi)	bercakap	[bɛrʧakap]
compreender (vt)	memahami	[mɛmahami]
escrever (vt)	menulis	[mɛnulis]

rapidamente	fasih	[fasih]
devagar	perlahan-lahan	[pɛrlahan lahan]
fluentemente	fasih	[fasih]

regras (f pl)	peraturan	[pɛraturan]
gramática (f)	nahu	[nahu]
vocabulário (m)	kosa kata	[kosa kata]
fonética (f)	fonetik	[fonetik]

manual (m) escolar	buku teks	[buku teks]
dicionário (m)	kamus	[kamus]
manual (m) de autoaprendizagem	buku teks pembelajaran kendiri	[buku teks pɛmbɛladʒaran kɛndiri]
guia (m) de conversação	buku ungkapan	[buku uŋkapan]

cassete (f)	kaset	[kaset]
vídeo cassete (m)	kaset video	[kaset video]
CD (m)	cakera padat	[ʧakra padat]
DVD (m)	cakera DVD	[ʧakra dividi]

alfabeto (m)	abjad	[abdʒad]
soletrar (vt)	mengeja	[mɛŋedʒa]
pronúncia (f)	sebutan	[sɛbutan]

sotaque (m)	aksen	[aksen]
com sotaque	dengan pelat	[dɛŋan pelat]
sem sotaque	tanpa pelat	[tanpa pelat]

| palavra (f) | perkataan | [pɛrkataan] |
| sentido (m) | erti | [ɛrti] |

cursos (m pl)	kursus	[kursus]
inscrever-se (vr)	berdaftar	[bɛrdaftar]
professor (m)	pensyarah	[pɛnɕarah]

tradução (processo)	penterjemahan	[pɛntɛrdʒɛmahan]
tradução (texto)	terjemahan	[tɛrdʒɛmahan]
tradutor (m)	penterjemah	[pɛntɛrdʒɛmah]
intérprete (m)	penterjemah	[pɛntɛrdʒɛmah]

| poliglota (m) | penutur pelbagai bahasa | [pɛnutur pɛlbagaj bahasa] |
| memória (f) | ingatan | [iŋatan] |

REFEIÇÕES. RESTAURANTE

48. Por a mesa

colher (f)	sudu	[sudu]
faca (f)	pisau	[pisau]
garfo (m)	garpu	[garpu]

chávena (f)	cawan	[ʧavan]
prato (m)	pinggan	[piŋgan]
pires (m)	alas cawan	[alas ʧavan]
guardanapo (m)	napkin	[napkin]
palito (m)	cungkil gigi	[ʧuŋkil gigi]

49. Restaurante

restaurante (m)	restoran	[restoran]
café (m)	kedai kopi	[kɛdaj kopi]
bar (m), cervejaria (f)	bar	[bar]
salão (m) de chá	ruang teh	[ruaŋ te]

empregado (m) de mesa	pelayan	[pɛlajan]
empregada (f) de mesa	pelayan perempuan	[pɛlajan pɛrɛmpuan]
barman (m)	pelayan bar	[pɛlajan bar]

ementa (f)	menu	[menu]
lista (f) de vinhos	kad wain	[kad vajn]
reservar uma mesa	menempah meja	[mɛnɛmpah medʒa]

prato (m)	masakan	[masakan]
pedir (vt)	menempah	[mɛnɛmpah]
fazer o pedido	menempah	[mɛnɛmpah]

aperitivo (m)	aperitif	[aperitif]
entrada (f)	pembuka selera	[pɛmbuka sɛlera]
sobremesa (f)	pencuci mulut	[pɛnʧuʧi mulut]

conta (f)	bil	[bil]
pagar a conta	membayar bil	[mɛmbajar bil]
dar o troco	memberi wang baki	[mɛmbri vaŋ baki]
gorjeta (f)	tip	[tip]

50. Refeições

| comida (f) | makanan | [makanan] |
| comer (vt) | makan | [makan] |

pequeno-almoço (m)	makan pagi	[makan pagi]
tomar o pequeno-almoço	makan pagi	[makan pagi]
almoço (m)	makan tengah hari	[makan tɛŋah hari]
almoçar (vi)	makan tengah hari	[makan tɛŋah hari]
jantar (m)	makan malam	[makan malam]
jantar (vi)	makan malam	[makan malam]

apetite (m)	selera	[sɛlera]
Bom apetite!	Selamat jamu selera!	[sɛlamat dʒamu sɛlera]

abrir (~ uma lata, etc.)	membuka	[mɛmbuka]
derramar (vt)	menumpahkan	[mɛnumpahkan]
derramar-se (vr)	tertumpah	[tɛrtumpah]

ferver (vi)	mendidih	[mɛndidih]
ferver (vt)	mendidihkan	[mɛndidihkan]
fervido	masak	[masak]
arrefecer (vt)	menyejukkan	[mɛnjedʒukkan]
arrefecer-se (vr)	menjadi sejuk	[mɛndʒadi sɛdʒuk]

sabor, gosto (m)	rasa	[rasa]
gostinho (m)	rasa kesan	[rasa kɛsan]

fazer dieta	berdiet	[berdiet]
dieta (f)	diet	[diet]
vitamina (f)	vitamin	[vitamin]
caloria (f)	kalori	[kalori]
vegetariano (m)	vegetarian	[vegetarian]
vegetariano	vegetarian	[vegetarian]

gorduras (f pl)	lemak	[lɛmak]
proteínas (f pl)	protein	[protein]
carboidratos (m pl)	karbohidrat	[karbohidrat]

fatia (~ de limão, etc.)	irisan	[irisan]
pedaço (~ de bolo)	potongan	[potoŋan]
migalha (f)	remah	[remah]

51. Pratos cozinhados

prato (m)	hidangan	[hidaŋan]
cozinha (~ portuguesa)	masakan	[masakan]
receita (f)	resipi	[rɛsipi]
porção (f)	hidangan	[hidaŋan]

salada (f)	salad	[salad]
sopa (f)	sup	[sup]

caldo (m)	sup kosong	[sup kosoŋ]
sandes (f)	sandwic	[sandvitʃ]
ovos (m pl) estrelados	telur mata kerbau	[tɛlur mata kerbau]

hambúrguer (m)	hamburger	[hamburger]
bife (m)	stik	[stik]

conduto (m)	garnish	[garniʃ]
espaguete (m)	spaghetti	[spaɣeti]
puré (m) de batata	kentang lecek	[kɛntaŋ letʃek]
pizza (f)	piza	[piza]
papa (f)	bubur	[bubur]
omelete (f)	telur dadar	[tɛlur dadar]

cozido em água	rebus	[rɛbus]
fumado	salai	[salaj]
frito	goreng	[goreŋ]
seco	dikeringkan	[dikɛriŋkan]
congelado	sejuk beku	[sɛdʒuk bɛku]
em conserva	dijeruk	[didʒɛruk]

doce (açucarado)	manis	[manis]
salgado	masin	[masin]
frio	sejuk	[sɛdʒuk]
quente	panas	[panas]
amargo	pahit	[pahit]
gostoso	sedap	[sɛdap]

cozinhar (em água a ferver)	merebus	[mɛrɛbus]
fazer, preparar (vt)	memasak	[mɛmasak]
fritar (vt)	menggoreng	[mɛŋgoreŋ]
aquecer (vt)	memanaskan	[mɛmanaskan]

salgar (vt)	membubuh garam	[mɛmbubuh garam]
apimentar (vt)	membubuh lada	[mɛmbubuh lada]
ralar (vt)	memarut	[mɛmarut]
casca (f)	kulit	[kulit]
descascar (vt)	mengupas	[mɛŋupas]

52. Comida

carne (f)	daging	[dagiŋ]
galinha (f)	ayam	[ajam]
frango (m)	anak ayam	[anak ajam]
pato (m)	itik	[itik]
ganso (m)	angsa	[aŋsa]
caça (f)	burung buruan	[buruŋ buruan]
peru (m)	ayam belanda	[ajam blanda]

carne (f) de porco	daging babi	[dagiŋ babi]
carne (f) de vitela	daging anak lembu	[dagiŋ anak lembu]
carne (f) de carneiro	daging bebiri	[dagiŋ bɛbiri]
carne (f) de vaca	daging lembu	[dagiŋ lɛmbu]
carne (f) de coelho	arnab	[arnab]

chouriço, salsichão (m)	sosej worst	[sosedʒ vorst]
salsicha (f)	sosej	[sosedʒ]
bacon (m)	dendeng babi	[deŋdeŋ babi]
fiambre (f)	ham	[ham]
presunto (m)	gamon	[gamon]
patê (m)	pate	[patɛ]

fígado (m)	hati	[hati]
carne (f) moída	bahan kisar	[bahan kisar]
língua (f)	lidah	[lidah]

ovo (m)	telur	[tɛlur]
ovos (m pl)	telur-telur	[tɛlur tɛlur]
clara (f) do ovo	putih telur	[putih tɛlur]
gema (f) do ovo	kuning telur	[kuniŋ tɛlur]

peixe (m)	ikan	[ikan]
mariscos (m pl)	makanan laut	[makanan laut]
crustáceos (m pl)	krustasia	[krustasia]
caviar (m)	caviar	[kaviar]

caranguejo (m)	ketam	[kɛtam]
camarão (m)	udang	[udaŋ]
ostra (f)	tiram	[tiram]
lagosta (f)	udang krai	[udaŋ kraj]
polvo (m)	sotong	[sotoŋ]
lula (f)	cumi-cumi	[ʧumi ʧumi]

esturjão (m)	ikan sturgeon	[ikan sturgeon]
salmão (m)	salmon	[salmon]
halibute (m)	ikan halibut	[ikan halibut]

bacalhau (m)	ikan kod	[ikan kod]
cavala, sarda (f)	ikan tenggiri	[ikan tɛŋgiri]
atum (m)	tuna	[tuna]
enguia (f)	ikan keli	[ikan kli]

truta (f)	ikan trout	[ikan trout]
sardinha (f)	sadin	[sadin]
lúcio (m)	ikan paik	[ikan pajk]
arenque (m)	ikan hering	[ikan hɛriŋ]

pão (m)	roti	[roti]
queijo (m)	keju	[kɛʤu]
açúcar (m)	gula	[gula]
sal (m)	garam	[garam]

arroz (m)	beras, nasi	[bras], [nasi]
massas (f pl)	pasta	[pasta]
talharim (m)	mie	[mi]

manteiga (f)	mentega	[mɛntega]
óleo (m) vegetal	minyak sayur	[minjak sajur]
óleo (m) de girassol	minyak bunga matahari	[minjak buŋa matahari]
margarina (f)	marjerin	[marʤɛrin]

| azeitonas (f pl) | buah zaitun | [buah zajtun] |
| azeite (m) | minyak zaitun | [minjak zaɪtun] |

leite (m)	susu	[susu]
leite (m) condensado	susu pekat	[susu pɛkat]
iogurte (m)	yogurt	[jogurt]
nata (f) azeda	krim asam	[krim asam]

nata (f) do leite	krim	[krim]
maionese (f)	mayonis	[majonis]
creme (m)	krim	[krim]

grãos (m pl) de cereais	bijirin berkupas	[bidʒirin bɛrkupas]
farinha (f)	tepung	[tɛpuŋ]
enlatados (m pl)	makanan dalam tin	[makanan dalam tin]

flocos (m pl) de milho	emping jagung	[ɛmpiŋ dʒaguŋ]
mel (m)	madu	[madu]
doce (m)	jem	[dʒɛm]
pastilha (f) elástica	gula-gula getah	[gula gula gɛtah]

53. Bebidas

água (f)	air	[air]
água (f) potável	air minum	[air minum]
água (f) mineral	air galian	[air galian]

sem gás	tanpa gas	[tanpa gas]
gaseificada	bergas	[bɛrgas]
com gás	bergas	[bɛrgas]
gelo (m)	ais	[ajs]
com gelo	dengan ais	[dɛŋan ajs]

sem álcool	tanpa alkohol	[tanpa alkohol]
bebida (f) sem álcool	minuman ringan	[minuman riŋan]
refresco (m)	minuman segar	[minuman sɛgar]
limonada (f)	limonad	[limonad]

bebidas (f pl) alcoólicas	arak	[arak]
vinho (m)	wain	[vajn]
vinho (m) branco	wain putih	[vajn putih]
vinho (m) tinto	wain merah	[vajn merah]

licor (m)	likur	[likur]
champanhe (m)	champagne	[ʃampejn]
vermute (m)	vermouth	[vermut]

uísque (m)	wiski	[viski]
vodka (f)	vodka	[vodka]
gim (m)	gin	[dʒin]
conhaque (m)	cognac	[konjak]
rum (m)	rum	[ram]

café (m)	kopi	[kopi]
café (m) puro	kopi O	[kopi o]
café (m) com leite	kopi susu	[kopi susu]
cappuccino (m)	cappucino	[kaputʃino]
café (m) solúvel	kopi segera	[kopi sɛgɛra]

leite (m)	susu	[susu]
coquetel (m)	koktel	[koktel]
batido (m) de leite	susu kocak	[susu kotʃak]

sumo (m)	jus	[dʒus]
sumo (m) de tomate	jus tomato	[dʒus tomato]
sumo (m) de laranja	jus jeruk manis	[dʒus dʒɛruk manis]
sumo (m) fresco	jus segar	[dʒus sɛgar]

cerveja (f)	bir	[bir]
cerveja (f) clara	bir putih	[bir putih]
cerveja (f) preta	bir hitam	[bir hitam]

chá (m)	teh	[te]
chá (m) preto	teh hitam	[te hitam]
chá (m) verde	teh hijau	[te hidʒau]

54. Vegetais

legumes (m pl)	sayuran	[sajuran]
verduras (f pl)	ulam-ulaman	[ulam ulaman]

tomate (m)	tomato	[tomato]
pepino (m)	timun	[timun]
cenoura (f)	lobak merah	[lobak merah]
batata (f)	kentang	[kɛntaŋ]
cebola (f)	bawang	[bavaŋ]
alho (m)	bawang putih	[bavaŋ putih]

couve (f)	kubis	[kubis]
couve-flor (f)	bunga kubis	[buŋa kubis]
couve-de-bruxelas (f)	kubis Brussels	[kubis brasels]
brócolos (m pl)	broccoli	[brokoli]

beterraba (f)	rut bit	[rut bit]
beringela (f)	terung	[tɛruŋ]
curgete (f)	labu kuning	[labu kuniŋ]

abóbora (f)	labu	[labu]
nabo (m)	turnip	[turnip]

salsa (f)	parsli	[parsli]
funcho, endro (m)	jintan hitam	[dʒintan hitam]
alface (f)	pokok salad	[pokok salad]
aipo (m)	saderi	[sadɛri]

espargo (m)	asparagus	[asparagus]
espinafre (m)	bayam	[bajam]

ervilha (f)	kacang sepat	[katʃaŋ sɛpat]
fava (f)	kacang	[katʃaŋ]

milho (m)	jagung	[dʒaguŋ]
feijão (m)	kacang buncis	[katʃaŋ buntʃis]

pimentão (m)	lada	[lada]
rabanete (m)	lobak	[lobak]
alcachofra (f)	articok	[artitʃok]

55. Frutos. Nozes

fruta (f)	buah	[buah]
maçã (f)	epal	[epal]
pera (f)	buah pear	[buah pear]
limão (m)	lemon	[lemon]
laranja (f)	jeruk manis	[dʒeruk manis]
morango (m)	strawberi	[stroberi]
tangerina (f)	limau mandarin	[limau mandarin]
ameixa (f)	plum	[plam]
pêssego (m)	pic	[pitʃ]
damasco (m)	aprikot	[aprikot]
framboesa (f)	raspberi	[rasberi]
ananás (m)	nanas	[nanas]
banana (f)	pisang	[pisaŋ]
melancia (f)	tembikai	[tembikaj]
uva (f)	anggur	[aŋgur]
ginja (f)	buah ceri	[buah tʃeri]
cereja (f)	ceri manis	[tʃeri manis]
meloa (f)	tembikai susu	[tembikaj susu]
toranja (f)	limau gedang	[limau gɛdaŋ]
abacate (m)	avokado	[avokado]
papaia (f)	betik	[bɛtik]
manga (f)	mempelam	[mɛmpɛlam]
romã (f)	buah delima	[buah dɛlima]
groselha (f) vermelha	buah kismis merah	[buah kismis merah]
groselha (f) preta	buah kismis hitam	[buah kismis hitam]
groselha (f) espinhosa	buah gusberi	[buah gusberi]
mirtilo (m)	buah bilberi	[buah bilberi]
amora silvestre (f)	beri hitam	[beri hitam]
uvas (f pl) passas	kismis	[kismis]
figo (m)	buah tin	[buah tin]
tâmara (f)	buah kurma	[buah kurma]
amendoim (m)	kacang tanah	[katʃaŋ tanah]
amêndoa (f)	badam	[badam]
noz (f)	walnut	[volnat]
avelã (f)	kacang hazel	[katʃaŋ hazel]
coco (m)	buah kelapa	[buah klapa]
pistáchios (m pl)	pistasio	[pistasio]

56. Pão. Bolaria

pastelaria (f)	kuih-muih	[kuih muih]
pão (m)	roti	[roti]
bolacha (f)	biskit	[biskit]
chocolate (m)	coklat	[tʃoklat]
de chocolate	coklat	[tʃoklat]

rebuçado (m)	gula-gula	[gula gula]
bolo (cupcake, etc.)	kuih	[kuih]
bolo (m) de aniversário	kek	[kek]

| tarte (~ de maçã) | pai | [paj] |
| recheio (m) | inti | [inti] |

doce (m)	jem buah-buahan utuh	[dʒem buah buahan utuh]
geleia (f) de frutas	marmalad	[marmalad]
waffle (m)	wafer	[vafɛr]
gelado (m)	ais krim	[ajs krim]
pudim (m)	puding	[pudiŋ]

57. Especiarias

sal (m)	garam	[garam]
salgado	masin	[masin]
salgar (vt)	membubuh garam	[mɛmbubuh garam]

pimenta (f) preta	lada hitam	[lada hitam]
pimenta (f) vermelha	lada merah	[lada merah]
mostarda (f)	sawi	[savi]
raiz-forte (f)	remunggai	[rɛmuŋgaj]

condimento (m)	perasa	[pɛrasa]
especiaria (f)	rempah-rempah	[rempah rempah]
molho (m)	saus	[saus]
vinagre (m)	cuka	[ʧuka]

anis (m)	lawang	[lavaŋ]
manjericão (m)	kemangi	[kɛmaɲi]
cravo (m)	cengkeh	[ʧeŋkeh]
gengibre (m)	halia	[halia]
coentro (m)	ketumbar	[kɛtumbar]
canela (f)	kayu manis	[kaju manis]

sésamo (m)	bijan	[bidʒan]
folhas (f pl) de louro	daun bay	[daun bej]
páprica (f)	paprik	[paprik]
cominho (m)	jintan putih	[dʒintan putih]
açafrão (m)	safron	[safron]

INFORMAÇÃO PESSOAL. FAMÍLIA

58. Informação pessoal. Formulários

nome (m)	nama	[nama]
apelido (m)	nama keluarga	[nama kɛluarga]
data (f) de nascimento	tarikh lahir	[tarih lahir]
local (m) de nascimento	tempat lahir	[tɛmpat lahir]
nacionalidade (f)	bangsa	[baŋsa]
lugar (m) de residência	tempat kediaman	[tɛmpat kediaman]
país (m)	negara	[nɛgara]
profissão (f)	profesion	[profesion]
sexo (m)	jenis kelamin	[dʒɛnis kɛlamin]
estatura (f)	tinggi badan	[tiŋgi badan]
peso (m)	berat	[brat]

59. Membros da família. Parentes

mãe (f)	ibu	[ibu]
pai (m)	bapa	[bapa]
filho (m)	anak lelaki	[anak lɛlaki]
filha (f)	anak perempuan	[anak pɛrɛmpuan]
filha (f) mais nova	anak perempuan bungsu	[anak pɛrɛmpuan buŋsu]
filho (m) mais novo	anak lelali bungsu	[anak lɛlali buŋsu]
filha (f) mais velha	anak perempuan sulung	[anak pɛrɛmpuan suluŋ]
filho (m) mais velho	anak lelaki sulung	[anak lɛlaki suluŋ]
irmão (m)	saudara	[saudara]
irmão (m) mais velho	abang	[abaŋ]
irmão (m) mais novo	adik lelaki	[adik lɛlaki]
irmã (f)	saudara perempuan	[saudara pɛrɛmpuan]
irmã (f) mais velha	kakak perempuan	[kakak pɛrɛmpuan]
irmã (f) mais nova	adik perempuan	[adik pɛrɛmpuan]
primo (m)	sepupu lelaki	[sɛpupu lɛlaki]
prima (f)	sepupu perempuan	[sɛpupu pɛrɛmpuan]
mamã (f)	ibu	[ibu]
papá (m)	bapa	[bapa]
pais (pl)	ibu bapa	[ibu bapa]
criança (f)	anak	[anak]
crianças (f pl)	anak-anak	[anak anak]
avó (f)	nenek	[nenek]
avô (m)	datuk	[datuk]

neto (m)	cucu lelaki	[ʧuʧu lɛlaki]
neta (f)	cucu perempuan	[ʧuʧu pɛrɛmpuan]
netos (pl)	cucu-cicit	[ʧuʧu ʧitʃit]

tio (m)	pak cik	[pak ʧik]
tia (f)	mak cik	[mak ʧik]
sobrinho (m)	anak saudara lelaki	[anak saudara lɛlaki]
sobrinha (f)	anak saudara perempuan	[anak saudara pɛrɛmpuan]

sogra (f)	ibu mertua	[ibu mɛrtua]
sogro (m)	bapa mertua	[bapa mɛrtua]
genro (m)	menantu lelaki	[mɛnantu lɛlaki]
madrasta (f)	ibu tiri	[ibu tiri]
padrasto (m)	bapa tiri	[bapa tiri]

criança (f) de colo	bayi	[baji]
bebé (m)	bayi	[baji]
menino (m)	budak kecil	[budak kɛʧil]

mulher (f)	isteri	[istri]
marido (m)	suami	[suami]
esposo (m)	suami	[suami]
esposa (f)	isteri	[istri]

casado	berkahwin, beristeri	[bɛrkahvin], [bɛristri]
casada	berkahwin, bersuami	[bɛrkahvin], [bɛrsuami]
solteiro	bujang	[budʒaŋ]
solteirão (m)	bujang	[budʒaŋ]
divorciado	bercerai	[bɛrʧɛraj]
viúva (f)	balu	[balu]
viúvo (m)	duda	[duda]

parente (m)	saudara	[saudara]
parente (m) próximo	keluarga dekat	[kɛluarga dɛkat]
parente (m) distante	saudara jauh	[saudara dʒauh]
parentes (m pl)	keluarga	[kɛluarga]

órfão (m), órfã (f)	piatu	[piatu]
tutor (m)	wali	[vali]
adotar (um filho)	mengangkat anak lelaki	[mɛŋaŋkat anak lɛlaki]
adotar (uma filha)	mengangkat anak perempuan	[mɛŋaŋkat anak pɛrɛmpuan]

60. Amigos. Colegas de trabalho

amigo (m)	sahabat	[sahabat]
amiga (f)	teman wanita	[tɛman vanita]
amizade (f)	persahabatan	[pɛrsahabatan]
ser amigos	bersahabat	[bɛrsahabat]

amigo (m)	teman	[tɛman]
amiga (f)	teman wanita	[tɛman vanita]
parceiro (m)	rakan	[rakan]
chefe (m)	bos	[bos]

superior (m)	**kepala**	[kɛpala]
proprietário (m)	**pemilik**	[pɛmilik]
subordinado (m)	**orang bawahan**	[oraŋ bavahan]
colega (m)	**rakan**	[rakan]

conhecido (m)	**kenalan**	[kɛnalan]
companheiro (m) de viagem	**rakan seperjalanan**	[rakan sɛpɛrdʒalanan]
colega (m) de classe	**teman sedarjah**	[tɛman sɛdardʒah]

vizinho (m)	**jiran lelaki**	[dʒiran lɛlaki]
vizinha (f)	**jiran perempuan**	[dʒiran pɛrɛmpuan]
vizinhos (pl)	**jiran**	[dʒiran]

CORPO HUMANO. MEDICINA

61. Cabeça

cabeça (f)	kepala	[kɛpala]
cara (f)	muka	[muka]
nariz (m)	hidung	[hiduŋ]
boca (f)	mulut	[mulut]

olho (m)	mata	[mata]
olhos (m pl)	mata	[mata]
pupila (f)	anak mata	[anak mata]
sobrancelha (f)	kening	[kɛniŋ]
pestana (f)	bulu mata	[bulu mata]
pálpebra (f)	kekopak mata	[kɛkopak mata]

língua (f)	lidah	[lidah]
dente (m)	gigi	[gigi]
lábios (m pl)	bibir	[bibir]
maçãs (f pl) do rosto	tulang pipi	[tulaŋ pipi]
gengiva (f)	gusi	[gusi]
palato (m)	lelangit	[lɛlaŋit]

narinas (f pl)	lubang hidung	[lubaŋ hiduŋ]
queixo (m)	dagu	[dagu]
mandíbula (f)	rahang	[rahaŋ]
bochecha (f)	pipi	[pipi]

testa (f)	dahi	[dahi]
têmpora (f)	pelipis	[pɛlipis]
orelha (f)	telinga	[tɛliŋa]
nuca (f)	tengkuk	[tɛŋkuk]
pescoço (m)	leher	[leher]
garganta (f)	kerongkong	[kɛroŋkoŋ]

cabelos (m pl)	rambut	[rambut]
penteado (m)	potongan rambut	[potoŋan rambut]
corte (m) de cabelo	potongan rambut	[potoŋan rambut]
peruca (f)	rambut palsu, wig	[rambut palsu], [vig]

bigode (m)	misai	[misaj]
barba (f)	janggut	[dʒaŋgut]
usar, ter (~ barba, etc.)	memelihara	[mɛmɛlihara]
trança (f)	tocang	[totʃaŋ]
suíças (f pl)	jambang	[dʒambaŋ]

ruivo	berambut merah perang	[bɛrambut mɛrah peraŋ]
grisalho	beruban	[bɛruban]
calvo	botak	[botak]
calva (f)	botak	[botak]

| rabo-de-cavalo (m) | ikat ekor kuda | [ikat ekor kuda] |
| franja (f) | jambul | [dʒambul] |

62. Corpo humano

| mão (f) | tangan | [taŋan] |
| braço (m) | lengan | [lɛŋan] |

dedo (m)	jari	[dʒari]
dedo (m) do pé	jari	[dʒari]
polegar (m)	ibu jari	[ibu dʒari]
dedo (m) mindinho	jari kelengkeng	[dʒari kɛleŋkŋ]
unha (f)	kuku	[kuku]

punho (m)	penumbuk	[pɛnumbuk]
palma (f) da mão	telapak	[tɛlapak]
pulso (m)	pergelangan	[pɛrgɛlaŋan]
antebraço (m)	lengan bawah	[lɛŋan bavah]
cotovelo (m)	siku	[siku]
ombro (m)	bahu	[bahu]

perna (f)	kaki	[kaki]
pé (m)	telapak kaki	[telapak kaki]
joelho (m)	lutut	[lutut]
barriga (f) da perna	betis	[bɛtis]
anca (f)	paha	[paha]
calcanhar (m)	tumit	[tumit]

corpo (m)	badan	[badan]
barriga (f)	perut	[prut]
peito (m)	dada	[dada]
seio (m)	tetek	[tetek]
lado (m)	rusuk	[rusuk]
costas (f pl)	belakang	[blakaŋ]
região (f) lombar	pinggul	[piŋgul]
cintura (f)	pinggang	[piŋgaŋ]

umbigo (m)	pusat	[pusat]
nádegas (f pl)	punggung	[puŋguŋ]
traseiro (m)	punggung	[puŋguŋ]

sinal (m)	tahi lalat manis	[tahi lalat manis]
sinal (m) de nascença	tanda kelahiran	[tanda kɛlahiran]
tatuagem (f)	tatu	[tatu]
cicatriz (f)	bekas luka	[bɛkas luka]

63. Doenças

doença (f)	penyakit	[pɛnjakit]
estar doente	sakit	[sakit]
saúde (f)	kesihatan	[kɛsihatan]
nariz (m) a escorrer	hidung berair	[hiduŋ bɛrair]

amigdalite (f)	radang tenggorok	[radaŋ tɛŋgorok]
constipação (f)	selesema	[sɛlsɛma]
constipar-se (vr)	demam selesema	[dɛmam sɛlsɛma]
bronquite (f)	bronkitis	[broŋkitis]
pneumonia (f)	radang paru-paru	[radaŋ paru paru]
gripe (f)	selesema	[sɛlsɛma]
míope	rabun jauh	[rabun dʒauh]
presbita	rabun dekat	[rabun dɛkat]
estrabismo (m)	mata juling	[mata dʒuliŋ]
estrábico	bermata juling	[bɛrmata dʒuliŋ]
catarata (f)	katarak	[katarak]
glaucoma (m)	glaukoma	[glaukoma]
AVC (m), apoplexia (f)	angin amhar	[aŋin amhar]
ataque (m) cardíaco	serangan jantung	[sɛraŋan dʒantuŋ]
enfarte (m) do miocárdio	serangan jantung	[sɛraŋan dʒantuŋ]
paralisia (f)	lumpuh	[lumpuh]
paralisar (vt)	melumpuhkan	[mɛlumpuhkan]
alergia (f)	alahan	[alahan]
asma (f)	penyakit lelah	[pɛnjakit lɛlah]
diabetes (f)	diabetes	[diabetes]
dor (f) de dentes	sakit gigi	[sakit gigi]
cárie (f)	karies	[karis]
diarreia (f)	cirit-birit	[tʃirit birit]
prisão (f) de ventre	sembelit	[sɛmbɛlit]
desarranjo (m) intestinal	sakit perut	[sakit prut]
intoxicação (f) alimentar	keracunan	[kɛratʃunan]
intoxicar-se	keracunan	[kɛratʃunan]
artrite (f)	artritis	[artritis]
raquitismo (m)	penyakit riket	[penjakit riket]
reumatismo (m)	reumatisme	[reumatismɛ]
arteriosclerose (f)	aterosklerosis	[aterosklerosis]
gastrite (f)	gastritis	[gastritis]
apendicite (f)	apendisitis	[apendisitis]
colecistite (f)	radang pundi hempedu	[radaŋ pundi hɛmpɛdu]
úlcera (f)	ulser	[ulser]
sarampo (m)	campak	[tʃampak]
rubéola (f)	penyakit campak Jerman	[pɛnjakit tʃampak dʒerman]
iterícia (f)	sakit kuning	[sakit kuniŋ]
hepatite (f)	hepatitis	[hepatitis]
esquizofrenia (f)	skizofrenia	[skizofrenia]
raiva (f)	penyakit anjing gila	[pɛnjakit andʒiŋ gila]
neurose (f)	neurosis	[neurosis]
comoção (f) cerebral	gegaran otak	[gɛgaran otak]
cancro (m)	barah, kanser	[barah], [kansɛr]
esclerose (f)	sklerosis	[sklerosis]

esclerose (f) múltipla	sklerosis berbilang	[sklerosis bɛrbilaŋ]
alcoolismo (m)	alkoholisme	[alkoholismɛ]
alcoólico (m)	kaki arak	[kaki arak]
sífilis (f)	sifilis	[sifilis]
SIDA (f)	AIDS	[ejds]

tumor (m)	tumor	[tumor]
maligno	ganas	[ganas]
benigno	bukan barah	[bukan barah]

febre (f)	demam	[dɛmam]
malária (f)	malaria	[malaria]
gangrena (f)	kelemayuh	[kɛlɛmajuh]
enjoo (m)	mabuk laut	[mabuk laut]
epilepsia (f)	epilepsi	[epilepsi]

epidemia (f)	wabak	[vabak]
tifo (m)	tifus	[tifus]
tuberculose (f)	tuberkulosis	[tubɛrkulosis]
cólera (f)	penyakit taun	[pɛnjakit taun]
peste (f)	sampar	[sampar]

64. Sintomas. Tratamentos. Parte 1

sintoma (m)	tanda	[tanda]
temperatura (f)	suhu	[suhu]
febre (f)	suhu tinggi	[suhu tiŋgi]
pulso (m)	nadi	[nadi]

vertigem (f)	rasa pening	[rasa pɛniŋ]
quente (testa, etc.)	panas	[panas]
calafrio (m)	gigil	[gigil]
pálido	pucat	[putʃat]

tosse (f)	batuk	[batuk]
tossir (vi)	batuk	[batuk]
espirrar (vi)	bersin	[bɛrsin]
desmaio (m)	pengsan	[pɛŋsan]
desmaiar (vi)	jatuh pengsan	[dʒatuh pɛŋsan]

nódoa (f) negra	luka lebam	[luka lɛbam]
galo (m)	bengkak	[bɛŋkak]
magoar-se (vr)	melanggar	[mɛlaŋgar]
pisadura (f)	luka memar	[luka mɛmar]
aleijar-se (vr)	kena luka memar	[kɛna luka mɛmar]

coxear (vi)	berjalan pincang	[bɛrdʒalan pintʃaŋ]
deslocação (f)	seliuh	[sɛliuh]
deslocar (vt)	terseliuh	[tɛrsɛliuh]
fratura (f)	patah	[patah]
fraturar (vt)	patah	[patah]

corte (m)	hirisan	[hirisan]
cortar-se (vr)	terhiris	[tɛrhiris]

hemorragia (f)	**pendarahan**	[pɛndarahan]
queimadura (f)	**luka bakar**	[luka bakar]
queimar-se (vr)	**terkena luka bakar**	[tɛrkɛna luka bakar]

picar (vt)	**mencucuk**	[mɛntʃutʃuk]
picar-se (vr)	**tercucuk**	[tɛrtʃutʃuk]
lesionar (vt)	**mencedera**	[mntʃedɛra]
lesão (m)	**cedera**	[tʃedɛra]
ferida (f), ferimento (m)	**cedera**	[tʃedɛra]
trauma (m)	**trauma**	[trauma]

delirar (vi)	**meracau**	[mɛratʃau]
gaguejar (vi)	**gagap**	[gagap]
insolação (f)	**strok matahari**	[strok matahari]

65. Sintomas. Tratamentos. Parte 2

dor (f)	**sakit**	[sakit]
farpa (no dedo)	**selumbar**	[sɛlumbar]

suor (m)	**peluh**	[pɛluh]
suar (vi)	**berpeluh**	[bɛrpɛluh]
vómito (m)	**muntah**	[muntah]
convulsões (f pl)	**kekejangan**	[kɛkɛdʒaŋan]

grávida	**hamil**	[hamil]
nascer (vi)	**dilahirkan**	[dilahirkan]
parto (m)	**kelahiran**	[kɛlahiran]
dar à luz	**melahirkan**	[mɛlahirkan]
aborto (m)	**pengguguran anak**	[pɛŋguguran anak]

respiração (f)	**pernafasan**	[pɛrnafasan]
inspiração (f)	**tarikan nafas**	[tarikan nafas]
expiração (f)	**penghembusan nafas**	[pɛŋɣɛmbusan nafas]
expirar (vi)	**menghembuskan nafas**	[mɛŋɣɛmbuskan nafas]
inspirar (vi)	**menarik nafas**	[mɛnarik nafas]

inválido (m)	**orang kurang upaya**	[oraŋ kuraŋ upaja]
aleijado (m)	**orang kurang upaya**	[oraŋ kuraŋ upaja]
toxicodependente (m)	**penagih dadah**	[pɛnagih dadah]

surdo	**tuli**	[tuli]
mudo	**bisu**	[bisu]
surdo-mudo	**bisu tuli**	[bisu tuli]

louco (adj.)	**gila**	[gila]
louco (m)	**lelaki gila**	[lɛlaki gila]
louca (f)	**perempuan gila**	[pɛrɛmpuan gila]
ficar louco	**menjadi gila**	[mɛndʒadi gila]

gene (m)	**gen**	[gen]
imunidade (f)	**kekebalan**	[kɛkɛbalan]
hereditário	**pusaka, warisan**	[pusaka], [varisan]
congénito	**bawaan**	[bavaan]

vírus (m)
micróbio (m)
bactéria (f)
infeção (f)

virus
kuman
kuman
jangkitan

[virus]
[kuman]
[kuman]
[dʒaŋkitan]

66. Sintomas. Tratamentos. Parte 3

hospital (m)
paciente (m)

hospital
pesakit

[hospital]
[pɛsakit]

diagnóstico (m)
cura (f)
tratamento (m) médico
curar-se (vr)
tratar (vt)
cuidar (pessoa)
cuidados (m pl)

diagnosis
rawatan
rawatan
berubat
merawat
merawat
jagaan

[diagnosis]
[ravatan]
[ravatan]
[bɛrubat]
[mɛravat]
[mɛravat]
[dʒagaan]

operação (f)
enfaixar (vt)
enfaixamento (m)

pembedahan, surgeri
membalut
pembalutan

[pɛmbɛdahan], ['sødʒeri]
[membalut]
[pɛmbalutan]

vacinação (f)
vacinar (vt)
injeção (f)
dar uma injeção

suntikan
menanam cacar
cucukan, injeksi
membuat suntikan

[suntikan]
[mɛnanam tʃatʃar]
[tʃutʃukan], [indʒeksi]
[mɛmbuat suntikan]

ataque (~ de asma, etc.)
amputação (f)
amputar (vt)
coma (f)
estar em coma
reanimação (f)

serangan
pemotongan
memotong
keadaan koma
dalam keadaan koma
rawatan rapi

[sɛraŋan]
[pɛmotoŋan]
[mɛmotoŋ]
[kɛadaan koma]
[dalam kɛadaan koma]
[ravatan rapi]

recuperar-se (vr)
estado (~ de saúde)
consciência (f)
memória (f)

sembuh
keadaan
kesedaran
ingatan

[sɛmbuh]
[kɛadaan]
[kɛsedaran]
[iŋatan]

tirar (vt)
chumbo (m), obturação (f)
chumbar, obturar (vt)

mencabut
tampal gigi
menampal

[mɛntʃabut]
[tampal gigi]
[mɛnampal]

hipnose (f)
hipnotizar (vt)

hipnosis
menghipnosis

[hipnosis]
[mɛnɣipnosis]

67. Medicina. Drogas. Acessórios

medicamento (m)
remédio (m)
receitar (vt)
receita (f)

ubat
ubat
mempreskripsikan
preskripsi

[ubat]
[ubat]
[mɛmpreskripsikan]
[preskripsi]

comprimido (m)	**pil**	[pil]
pomada (f)	**ubat sapu**	[ubat sapu]
ampola (f)	**ampul**	[ampul]
preparado (m)	**ubat cair**	[ubat ʧair]
xarope (m)	**sirup**	[sirup]
cápsula (f)	**pil**	[pil]
remédio (m) em pó	**serbuk**	[sɛrbuk]

ligadura (f)	**kain pembalut**	[kain pɛmbalut]
algodão (m)	**kapas**	[kapas]
iodo (m)	**iodin**	[iodin]

penso (m) rápido	**plaster**	[plastɛr]
conta-gotas (m)	**pipet**	[pipet]
termómetro (m)	**meter suhu**	[metɛr suhu]
seringa (f)	**picagari**	[piʧagari]

cadeira (f) de rodas	**kerusi roda**	[krusi roda]
muletas (f pl)	**tongkat ketiak**	[toŋkat kɛtiak]

analgésico (m)	**ubat penahan sakit**	[ubat pɛnahan sakit]
laxante (m)	**julap**	[dʒulap]
álcool (m) etílico	**alkohol**	[alkohol]
ervas (f pl) medicinais	**herba perubatan**	[hɛrba pɛrubatan]
de ervas (chá ~)	**herba**	[hɛrba]

APARTAMENTO

68. Apartamento

apartamento (m)	pangsapuri	[paŋsapuri]
quarto (m)	bilik	[bilik]
quarto (m) de dormir	bilik tidur	[bilik tidur]
sala (f) de jantar	bilik makan	[bilik makan]
sala (f) de estar	ruang tamu	[ruaŋ tamu]
escritório (m)	bilik bacaan	[bilik batʃaan]
antessala (f)	ruang depan	[ruaŋ dɛpan]
quarto (m) de banho	bilik mandi	[bilik mandi]
toilette (lavabo)	tandas	[tandas]
teto (m)	siling	[siliŋ]
chão, soalho (m)	lantai	[lantaj]
canto (m)	sudut	[sudut]

69. Mobiliário. Interior

mobiliário (m)	perabot	[pɛrabot]
mesa (f)	meja	[medʒa]
cadeira (f)	kerusi	[krusi]
cama (f)	katil	[katil]
divã (m)	sofa	[sofa]
cadeirão (m)	kerusi tangan	[krusi taŋan]
estante (f)	almari buku	[almari buku]
prateleira (f)	rak	[rak]
guarda-vestidos (m)	almari	[almari]
cabide (m) de parede	tempat sangkut baju	[tɛmpat saŋkut badʒu]
cabide (m) de pé	penyangkut kot	[pɛnjaŋkut kot]
cómoda (f)	almari laci	[almari latʃi]
mesinha (f) de centro	meja tamu	[medʒa tamu]
espelho (m)	cermin	[tʃɛrmin]
tapete (m)	permaidani	[pɛrmajdani]
tapete (m) pequeno	ambal	[ambal]
lareira (f)	perapian	[pɛrapian]
vela (f)	linlin	[linlin]
castiçal (m)	kaki dian	[kaki dian]
cortinas (f pl)	langsir	[laŋsir]
papel (m) de parede	kertas dinding	[kɛrtas dindiŋ]

estores (f pl)	kerai	[kraj]
candeeiro (m) de mesa	lampu meja	[lampu medʒa]
candeeiro (m) de parede	lampu dinding	[lampu dindiŋ]
candeeiro (m) de pé	lampu lantai	[lampu lantaj]
lustre (m)	candelier	[ʧandelir]

pé (de mesa, etc.)	kaki	[kaki]
braço (m)	lengan	[lɛŋan]
costas (f pl)	sandaran	[sandaran]
gaveta (f)	laci	[laʧi]

70. Quarto de dormir

roupa (f) de cama	linen	[linen]
almofada (f)	bantal	[bantal]
fronha (f)	sarung bantal	[saruŋ bantal]
cobertor (m)	selimut	[sɛlimut]
lençol (m)	kain cadar	[kain ʧadar]
colcha (f)	tutup tilam bantal	[tutup tilam bantal]

71. Cozinha

cozinha (f)	dapur	[dapur]
gás (m)	gas	[gas]
fogão (m) a gás	dapur gas	[dapur gas]
fogão (m) elétrico	dapur elektrik	[dapur elektrik]
forno (m)	oven	[oven]
forno (m) de micro-ondas	dapur gelombang mikro	[dapur gɛlombaŋ mikro]

frigorífico (m)	peti sejuk	[pɛti sɛdʒuk]
congelador (m)	petak sejuk beku	[petak sɛdʒuk bɛku]
máquina (f) de lavar louça	mesin basuh pinggan mangkuk	[mesin basuh piŋgan maŋkuk]

moedor (m) de carne	pengisar daging	[pɛŋisar dagiŋ]
espremedor (m)	pemerah jus	[pɛmɛrah dʒus]
torradeira (f)	pembakar roti	[pɛmbakar roti]
batedeira (f)	pengadun	[pɛŋadun]

máquina (f) de café	pembuat kopi	[pɛmbuat kopi]
cafeteira (f)	kole kopi	[kole kopi]
moinho (m) de café	pengisar kopi	[pɛŋisar kopi]

chaleira (f)	cerek	[ʧerek]
bule (m)	poci	[poʧi]
tampa (f)	tutup	[tutup]
coador (m) de chá	penapis the	[pɛnapis teh]

colher (f)	sudu	[sudu]
colher (f) de chá	sudu teh	[sudu teh]
colher (f) de sopa	sudu makan	[sudu makan]
garfo (m)	garpu	[garpu]

faca (f)	pisau	[pisau]
louça (f)	pinggan mangkuk	[piŋgan maŋkuk]
prato (m)	pinggan	[piŋgan]
pires (m)	alas cawan	[alas ʧavan]
cálice (m)	gelas wain kecil	[glas vajn keʧil]
copo (m)	gelas	[glas]
chávena (f)	cawan	[ʧavan]
açucareiro (m)	tempat gula	[tɛmpat gula]
saleiro (m)	tempat garam	[tɛmpat garam]
pimenteiro (m)	tempat lada	[tɛmpat lada]
manteigueira (f)	tempat mentega	[tɛmpat mɛntega]
panela, caçarola (f)	periuk	[priuk]
frigideira (f)	kuali	[kuali]
concha (f)	sendok	[sendok]
passador (m)	alat peniris	[alat pɛniris]
bandeja (f)	dulang	[dulaŋ]
garrafa (f)	botol	[botol]
boião (m) de vidro	balang	[balaŋ]
lata (f)	tin	[tin]
abre-garrafas (m)	pembuka botol	[pɛmbuka botol]
abre-latas (m)	pembuka tin	[pɛmbuka tin]
saca-rolhas (m)	skru gabus	[skru gabus]
filtro (m)	penapis	[pɛnapis]
filtrar (vt)	menapis	[mɛnapis]
lixo (m)	sampah	[sampah]
balde (m) do lixo	baldi sampah	[baldi sampah]

72. Casa de banho

quarto (m) de banho	bilik mandi	[bilik mandi]
água (f)	air	[air]
torneira (f)	pili	[pili]
água (f) quente	air panas	[air panas]
água (f) fria	air sejuk	[air sɛdʒuk]
pasta (f) de dentes	ubat gigi	[ubat gigi]
escovar os dentes	memberus gigi	[mɛmbɛrus gigi]
escova (f) de dentes	berus gigi	[bɛrus gigi]
barbear-se (vr)	bercukur	[bɛrʧukur]
espuma (f) de barbear	buih cukur	[buih ʧukur]
máquina (f) de barbear	pisau cukur	[pisau ʧukur]
lavar (vt)	mencuci	[mɛnʧuʧi]
lavar-se (vr)	mandi	[mandi]
duche (m)	pancuran mandi	[panʧuran mandi]
tomar um duche	mandi di bawah	[mandi di bavah
	pancuran air	panʧuran air]

banheira (f)	**tab mandi**	[tab mandi]
sanita (f)	**mangkuk tandas**	[maŋkuk tandas]
lavatório (m)	**sink cuci tangan**	[siŋk ʧuʧi taŋan]
sabonete (m)	**sabun**	[sabun]
saboneteira (f)	**tempat sabun**	[tɛmpat sabun]
esponja (f)	**span**	[span]
champô (m)	**syampu**	[ʃampu]
toalha (f)	**tuala**	[tuala]
roupão (m) de banho	**jubah mandi**	[dʒubah mandi]
lavagem (f)	**pembasuhan**	[pɛmbasuhan]
máquina (f) de lavar	**mesin pembasuh**	[mesin pɛmbasuh]
lavar a roupa	**membasuh**	[mɛmbasuh]
detergente (m)	**serbuk pencuci**	[serbuk pɛnʧuʧi]

73. Eletrodomésticos

televisor (m)	**peti televisyen**	[pɛti televiʃɛn]
gravador (m)	**perakam**	[pɛrakam]
videogravador (m)	**perakam video**	[pɛrakam video]
rádio (m)	**pesawat radio**	[pɛsavat radio]
leitor (m)	**pemain**	[pɛmajn]
projetor (m)	**penayang video**	[pɛnajaŋ video]
cinema (m) em casa	**pawagam rumah**	[pavagam rumah]
leitor (m) de DVD	**pemain DVD**	[pɛmajn di vi di]
amplificador (m)	**penguat**	[pɛŋwat]
console (f) de jogos	**konsol permainan video**	[konsol pɛrmajnan video]
câmara (f) de vídeo	**kamera video**	[kamera video]
máquina (f) fotográfica	**kamera foto**	[kamera foto]
câmara (f) digital	**kamera digital**	[kamera digital]
aspirador (m)	**pembersih vakum**	[pɛmbɛrsih vakum]
ferro (m) de engomar	**seterika**	[sɛtɛrika]
tábua (f) de engomar	**papan seterika**	[papan sɛtɛrika]
telefone (m)	**telefon**	[telefon]
telemóvel (m)	**telefon bimbit**	[telefon bimbit]
máquina (f) de escrever	**mesin taip**	[mesin tajp]
máquina (f) de costura	**mesin jahit**	[mesin dʒahit]
microfone (m)	**mikrofon**	[mikrofon]
auscultadores (m pl)	**pendengar telinga**	[pɛndɛŋar tɛliŋa]
controlo remoto (m)	**alat kawalan jauh**	[alat kavalan dʒauh]
CD (m)	**cakera padat**	[ʧakra padat]
cassete (f)	**kaset**	[kaset]
disco (m) de vinil	**piring hitam**	[piriŋ hitam]

A TERRA. TEMPO

74. Espaço sideral

cosmos (m)	angkasa lepas	[aŋkasa lɛpas]
cósmico	angkasa lepas	[aŋkasa lɛpas]
espaço (m) cósmico	ruang angkasa lepas	[ruaŋ aŋkasa lɛpas]
mundo (m)	dunia	[dunia]
universo (m)	alam semesta	[alam sɛmɛsta]
galáxia (f)	Bimasakti	[bimasakti]

estrela (f)	bintang	[bintaŋ]
constelação (f)	gugusan bintang	[gugusan bintaŋ]
planeta (m)	planet	[planet]
satélite (m)	satelit	[satɛlit]

meteorito (m)	meteorit	[meteorit]
cometa (m)	komet	[komet]
asteroide (m)	asteroid	[asteroid]

órbita (f)	edaran, orbit	[edaran], [orbit]
girar (vi)	berputar	[bɛrputar]
atmosfera (f)	udara	[udara]

Sol (m)	Matahari	[matahari]
Sistema (m) Solar	tata surya	[tata surja]
eclipse (m) solar	gerhana matahari	[gɛrhana matahari]

Terra (f)	Bumi	[bumi]
Lua (f)	Bulan	[bulan]

Marte (m)	Marikh	[mariχ]
Vénus (f)	Zuhrah	[zuhrah]
Júpiter (m)	Musytari	[muʃtari]
Saturno (m)	Zuhal	[zuhal]

Mercúrio (m)	Utarid	[utarid]
Urano (m)	Uranus	[uranus]
Neptuno (m)	Waruna	[varuna]
Plutão (m)	Pluto	[pluto]

Via Láctea (f)	Bima Sakti	[bima sakti]
Ursa Maior (f)	Bintang Biduk	[bintaŋ biduk]
Estrela Polar (f)	Bintang Utara	[bintaŋ utara]

marciano (m)	makhluk dari Marikh	[mahluk dari marih]
extraterrestre (m)	makhluk ruang angkasa	[maχluk ruaŋ aŋkasa]
alienígena (m)	makhluk asing	[mahluk asiŋ]
disco (m) voador	piring terbang	[piriŋ tɛrbaŋ]
nave (f) espacial	kapal angkasa lepas	[kapal aŋkasa lɛpas]

| estação (f) orbital | stesen orbit angkasa | [stesen orbit aŋkasa] |
| lançamento (m) | pelancaran | [pɛlantʃaran] |

motor (m)	enjin	[endʒin]
bocal (m)	muncung	[muntʃuŋ]
combustível (m)	bahan bakar	[bahan bakar]

cabine (f)	kokpit	[kokpit]
antena (f)	aerial	[aerial]
vigia (f)	tingkap kapal	[tiŋkap kapal]
bateria (f) solar	sel surya	[sel surja]
traje (m) espacial	pakaian angkasawan	[pakajan aŋkasavan]

imponderabilidade (f)	keadaan graviti sifar	[kɛadaan graviti sifar]
oxigénio (m)	oksigen	[oksigɛn]
acoplagem (f)	percantuman	[pɛrtʃantuman]
fazer uma acoplagem	melakukan cantuman	[mɛlakukan tʃantuman]

observatório (m)	balai cerap	[balaj tʃɛrap]
telescópio (m)	teleskop	[teleskop]
observar (vt)	menyaksikan	[mɛnjaksikan]
explorar (vt)	menjelajahi	[mɛndʒɛladʒahi]

75. A Terra

Terra (f)	Bumi	[bumi]
globo terrestre (Terra)	bola Bumi	[bola bumi]
planeta (m)	planet	[planet]

atmosfera (f)	udara	[udara]
geografia (f)	geografi	[geografi]
natureza (f)	alam	[alam]

globo (mapa esférico)	glob	[glob]
mapa (m)	peta	[pɛta]
atlas (m)	atlas	[atlas]

Europa (f)	Eropah	[eropa]
Ásia (f)	Asia	[asia]
África (f)	Afrika	[afrika]
Austrália (f)	Australia	[australia]

América (f)	Amerika	[amerika]
América (f) do Norte	Amerika Utara	[amerika utara]
América (f) do Sul	Amerika Selatan	[amerika sɛlatan]
Antártida (f)	Antartika	[antartika]
Ártico (m)	Artik	[artik]

76. Pontos cardeais

| norte (m) | utara | [utara] |
| para norte | ke utara | [kɛ utara] |

no norte	di utara	[di utara]
do norte	utara	[utara]

sul (m)	selatan	[sɛlatan]
para sul	ke selatan	[kɛ sɛlatan]
no sul	di selatan	[di sɛlatan]
do sul	selatan	[sɛlatan]

oeste, ocidente (m)	barat	[barat]
para oeste	ke barat	[kɛ barat]
no oeste	di barat	[di barat]
ocidental	barat	[barat]

leste, oriente (m)	timur	[timur]
para leste	ke timur	[kɛ timur]
no leste	di timur	[di timur]
oriental	timur	[timur]

77. Mar. Oceano

mar (m)	laut	[laut]
oceano (m)	lautan	[lautan]
golfo (m)	teluk	[tɛluk]
estreito (m)	selat	[sɛlat]

terra (f) firme	daratan	[daratan]
continente (m)	benua	[bɛnua]

ilha (f)	pulau	[pulau]
península (f)	semenanjung	[sɛmɛnandʒuŋ]
arquipélago (m)	kepulauan	[kɛpulawan]

baía (f)	teluk	[tɛluk]
porto (m)	pelabuhan	[pɛlabuhan]
lagoa (f)	lagun	[lagun]
cabo (m)	tanjung	[tandʒuŋ]

atol (m)	pulau cincin	[pulau tʃintʃin]
recife (m)	terumbu	[tɛrumbu]
coral (m)	karang	[karaŋ]
recife (m) de coral	terumbu karang	[tɛrumbu karaŋ]

profundo	dalam	[dalam]
profundidade (f)	kedalaman	[kɛdalaman]
abismo (m)	jurang	[dʒuraŋ]
fossa (f) oceânica	jurang	[dʒuraŋ]

corrente (f)	arus	[arus]
banhar (vt)	bersempadan	[bɛrsɛmpadan]

litoral (m)	pantai	[pantaj]
costa (f)	pantai	[pantaj]
maré (f) alta	air pasang	[air pasaŋ]
refluxo (m), maré (f) baixa	air surut	[air surut]

restinga (f)	**beting**	[bɛtiŋ]
fundo (m)	**dasar**	[dasar]
onda (f)	**gelombang**	[gɛlombaŋ]
crista (f) da onda	**puncak gelombang**	[puntʃak gɛlombaŋ]
espuma (f)	**buih**	[buih]
tempestade (f)	**badai**	[badaj]
furacão (m)	**badai, taufan**	[badaj], [taufan]
tsunami (m)	**tsunami**	[tsunami]
calmaria (f)	**angin mati**	[aŋin mati]
calmo	**tenang**	[tɛnaŋ]
polo (m)	**khutub**	[χutub]
polar	**polar**	[polar]
latitude (f)	**garisan lintang**	[garisan lintaŋ]
longitude (f)	**garisan bujur**	[garisan budʒur]
paralela (f)	**garisan latitud**	[garisan latitud]
equador (m)	**khatulistiwa**	[χatulistiva]
céu (m)	**langit**	[laŋit]
horizonte (m)	**kaki langit**	[kaki laŋit]
ar (m)	**udara**	[udara]
farol (m)	**rumah api**	[rumah api]
mergulhar (vi)	**menyelam**	[mɛnjelam]
afundar-se (vr)	**karam**	[karam]
tesouros (m pl)	**harta karun**	[harta karun]

78. Nomes de Mares e Oceanos

Oceano (m) Atlântico	**Lautan Atlantik**	[lautan atlantik]
Oceano (m) Índico	**Lautan Hindia**	[lautan hindia]
Oceano (m) Pacífico	**Lautan Teduh**	[lautan tɛduh]
Oceano (m) Ártico	**Lautan Arktik**	[lautan arktik]
Mar (m) Negro	**Laut Hitam**	[laut hitam]
Mar (m) Vermelho	**Laut Merah**	[laut merah]
Mar (m) Amarelo	**Laut Kuning**	[laut kuniŋ]
Mar (m) Branco	**Laut Putih**	[laut putih]
Mar (m) Cáspio	**Laut Caspian**	[laut kaspian]
Mar (m) Morto	**Laut Mati**	[laut mati]
Mar (m) Mediterrâneo	**Laut Tengah**	[laut tɛŋah]
Mar (m) Egeu	**Laut Aegean**	[laut idʒian]
Mar (m) Adriático	**Laut Adriatik**	[laut adriatik]
Mar (m) Arábico	**Laut Arab**	[laut arab]
Mar (m) do Japão	**Laut Jepun**	[laut dʒepun]
Mar (m) de Bering	**Laut Bering**	[laut beriŋ]
Mar (m) da China Meridional	**Laut Cina Selatan**	[laut tʃina sɛlatan]
Mar (m) de Coral	**Laut Coral**	[laut koral]

| Mar (m) de Tasman | Laut Tasmania | [laut tasmania] |
| Mar (m) do Caribe | Laut Caribbean | [laut karibean] |

| Mar (m) de Barents | Laut Barents | [laut barents] |
| Mar (m) de Kara | Laut Kara | [laut kara] |

Mar (m) do Norte	Laut Utara	[laut utara]
Mar (m) Báltico	Laut Baltik	[laut baltik]
Mar (m) da Noruega	Laut Norway	[laut norvej]

79. Montanhas

montanha (f)	gunung	[gunuŋ]
cordilheira (f)	banjaran gunung	[bandʒaran gunuŋ]
serra (f)	rabung gunung	[rabuŋ gunuŋ]

cume (m)	puncak	[puntʃak]
pico (m)	puncak	[puntʃak]
sopé (m)	kaki	[kaki]
declive (m)	cerun	[tʃɛrun]

vulcão (m)	gunung berapi	[gunuŋ bɛrapi]
vulcão (m) ativo	gunung berapi hidup	[gunuŋ bɛrapi hidup]
vulcão (m) extinto	gunung api yang tidak aktif	[gunuŋ api jaŋ tidak aktif]

erupção (f)	letusan	[lɛtusan]
cratera (f)	kawah	[kavah]
magma (m)	magma	[magma]
lava (f)	lahar	[lahar]
fundido (lava ~a)	pijar	[pidʒar]

desfiladeiro (m)	kanyon	[kanjon]
garganta (f)	jurang	[dʒuraŋ]
fenda (f)	krevis	[krevis]
precipício (m)	jurang	[dʒuraŋ]

passo, colo (m)	genting	[gɛntiŋ]
planalto (m)	penara	[pɛnara]
falésia (f)	cenuram	[tʃɛnuram]
colina (f)	bukit	[bukit]

glaciar (m)	glasier	[glasier]
queda (f) d'água	air terjun	[air tɛrdʒun]
géiser (m)	pancutan air panas	[pantʃutan air panas]
lago (m)	tasik	[tasik]

planície (f)	dataran	[dataran]
paisagem (f)	pemandangan	[pɛmandaŋan]
eco (m)	kumandang	[kumandaŋ]

alpinista (m)	pendaki gunung	[pɛndaki gunuŋ]
escalador (m)	pendaki batu	[pɛndaki batu]
conquistar (vt)	menaklukkan	[mɛnaklukkan]
subida, escalada (f)	pendakian	[pɛndakian]

80. Nomes de montanhas

Alpes (m pl)	**Alps**	[alps]
monte Branco (m)	**Mont Blanc**	[mont blaŋk]
Pirineus (m pl)	**Pyrenees**	[pirinis]
Cárpatos (m pl)	**Pegunungan Carpathia**	[pɛgunuŋan karpatia]
montes (m pl) Urais	**Pegunungan Ural**	[pɛgunuŋan ural]
Cáucaso (m)	**Kaukasia**	[kaukasia]
Elbrus (m)	**Elbrus**	[elbrus]
Altai (m)	**Altai**	[altaj]
Tian Shan (m)	**Tien Shan**	[tien ʃan]
Pamir (m)	**Pamir**	[pamir]
Himalaias (m pl)	**Himalaya**	[himalaja]
monte (m) Everest	**Everest**	[everest]
Cordilheira (f) dos Andes	**Andes**	[andes]
Kilimanjaro (m)	**Kilimanjaro**	[kilimandʒaro]

81. Rios

rio (m)	**sungai**	[suŋaj]
fonte, nascente (f)	**mata air**	[mata air]
leito (m) do rio	**dasar sungai**	[dasar suŋaj]
bacia (f)	**lembah sungai**	[lɛmbah suŋaj]
desaguar no ...	**bermuara**	[bɛrmuara]
afluente (m)	**anak sungai**	[anak suŋaj]
margem (do rio)	**tepi**	[tepi]
corrente (f)	**arus**	[arus]
rio abaixo	**ke hilir**	[kɛ hilir]
rio acima	**ke hulu**	[kɛ hulu]
inundação (f)	**banjir**	[bandʒir]
cheia (f)	**air bah**	[air bah]
transbordar (vi)	**meluap**	[mɛluap]
inundar (vt)	**menggenangi**	[mɛŋgɛnaŋi]
banco (m) de areia	**beting**	[bɛtiŋ]
rápidos (m pl)	**jeram**	[dʒɛram]
barragem (f)	**empangan**	[ɛmpaŋan]
canal (m)	**terusan**	[tɛrusan]
reservatório (m) de água	**takungan**	[takuŋan]
eclusa (f)	**pintu air**	[pintu air]
corpo (m) de água	**kolam**	[kolam]
pântano (m)	**bencah**	[bɛntʃah]
tremedal (m)	**paya**	[paja]
remoinho (m)	**pusaran air**	[pusaran air]
arroio, regato (m)	**anak sungai**	[anak suŋaj]

| potável | minum | [minum] |
| doce (água) | tawar | [tavar] |

| gelo (m) | ais | [ajs] |
| congelar-se (vr) | membeku | [mɛmbɛku] |

82. Nomes de rios

| rio Sena (m) | Seine | [sɛn] |
| rio Loire (m) | Loire | [luar] |

rio Tamisa (m)	Thames	[tɛms]
rio Reno (m)	Rhine	[rajn]
rio Danúbio (m)	Danube	[danub]

rio Volga (m)	Volga	[volga]
rio Don (m)	Don	[don]
rio Lena (m)	Lena	[lena]

rio Amarelo (m)	Hwang Ho	[hvaŋ ho]
rio Yangtzé (m)	Yangtze	[jaŋtze]
rio Mekong (m)	Mekong	[mekoŋ]
rio Ganges (m)	Ganges	[gandʒis]

rio Nilo (m)	sungai Nil	[suŋaj nil]
rio Congo (m)	Congo	[koŋo]
rio Cubango (m)	Okavango	[okavaŋo]
rio Zambeze (m)	Zambezi	[zambezi]
rio Limpopo (m)	Limpopo	[limpopo]
rio Mississípi (m)	Mississippi	[misisipi]

83. Floresta

| floresta (f), bosque (m) | hutan | [hutan] |
| florestal | hutan | [hutan] |

mata (f) cerrada	hutan lebat	[hutan lɛbat]
arvoredo (m)	hutan kecil	[hutan kɛt͡ʃil]
clareira (f)	cerang	[t͡ʃɛraŋ]

| matagal (m) | belukar | [bɛlukar] |
| mato (m) | pokok renek | [pokok renek] |

| vereda (f) | jalan setapak | [dʒalan sɛtapak] |
| ravina (f) | gaung | [gauŋ] |

árvore (f)	pokok	[pokok]
folha (f)	daun	[daun]
folhagem (f)	daun-daunan	[daun daunan]

| queda (f) das folhas | daun luruh | [daun luruh] |
| cair (vi) | gugur | [gugur] |

topo (m)	puncak	[puntʃak]
ramo (m)	cabang	[tʃabaŋ]
galho (m)	dahan	[dahan]
botão, rebento (m)	mata tunas	[mata tunas]
agulha (f)	jejarum	[dʒɛdʒarum]
pinha (f)	buah konifer	[buah konifer]

buraco (m) de árvore	lubang	[lubaŋ]
ninho (m)	sarang	[saraŋ]
toca (f)	lubang	[lubaŋ]

tronco (m)	batang	[bataŋ]
raiz (f)	akar	[akar]
casca (f) de árvore	kulit	[kulit]
musgo (m)	lumut	[lumut]

arrancar pela raiz	mencabut	[mɛntʃabut]
cortar (vt)	menebang	[mɛnɛbaŋ]
desflorestar (vt)	membasmi hutan	[mɛmbasmi hutan]
toco, cepo (m)	tunggul	[tuŋgul]

fogueira (f)	unggun api	[uŋgun api]
incêndio (m) florestal	kebakaran	[kɛbakaran]
apagar (vt)	memadamkan	[mɛmadamkan]

guarda-florestal (m)	renjer hutan	[rendʒɛr hutan]
proteção (f)	perlindungan	[pɛrlinduŋan]
proteger (a natureza)	melindungi	[mɛlinduŋi]
caçador (m) furtivo	penebang haram	[pɛnɛbaŋ haram]
armadilha (f)	perangkap	[praŋkap]

| colher (cogumelos, bagas) | memetik | [mɛmɛtik] |
| perder-se (vr) | sesat jalan | [sɛsat dʒalan] |

84. Recursos naturais

recursos (m pl) naturais	kekayaan alam	[kɛkajaan alam]
minerais (m pl)	galian	[galian]
depósitos (m pl)	mendapan	[mɛndapan]
jazida (f)	lapangan	[lapaŋan]

extrair (vt)	melombong	[mɛlomboŋ]
extração (f)	perlombongan	[pɛrlomboŋan]
minério (m)	bijih	[bidʒih]
mina (f)	lombong	[lomboŋ]
poço (m) de mina	lombong	[lomboŋ]
mineiro (m)	buruh lombong	[buruh lomboŋ]

| gás (m) | gas | [gas] |
| gasoduto (m) | talian paip gas | [talian pajp gas] |

petróleo (m)	minyak	[minjak]
oleoduto (m)	saluran paip minyak	[saluran pajp minjak]
poço (m) de petróleo	telaga minyak	[tɛlaga minjak]

| torre (f) petrolífera | menara minyak | [mɛnara minjak] |
| petroleiro (m) | kapal tangki | [kapal taŋki] |

areia (f)	pasir	[pasir]
calcário (m)	kapur	[kapur]
cascalho (m)	kerikil	[kɛrikil]
turfa (f)	gambut	[gambut]
argila (f)	tanah liat	[tanah liat]
carvão (m)	arang	[araŋ]

ferro (m)	besi	[bɛsi]
ouro (m)	emas	[ɛmas]
prata (f)	perak	[perak]
níquel (m)	nikel	[nikɛl]
cobre (m)	tembaga	[tɛmbaga]

zinco (m)	zink	[ziŋk]
manganês (m)	mangan	[maŋan]
mercúrio (m)	air raksa	[air raksa]
chumbo (m)	timah hitam	[timah hitam]

mineral (m)	galian	[galian]
cristal (m)	hablur	[hablur]
mármore (m)	pualam	[pualam]
urânio (m)	uranium	[uranium]

85. Tempo

tempo (m)	cuaca	[ʧuaʧa]
previsão (f) do tempo	ramalan cuaca	[ramalan ʧuaʧa]
temperatura (f)	suhu	[suhu]
termómetro (m)	termometer	[tɛrmometɛr]
barómetro (m)	barometer	[barometɛr]

| húmido | lembap | [lɛmbap] |
| humidade (f) | kelembapan | [kɛlɛmbapan] |

calor (m)	panas terik	[panas tɛrik]
cálido	panas terik	[panas tɛrik]
está muito calor	panas	[panas]

| está calor | panas | [panas] |
| quente | hangat | [haŋat] |

| está frio | cuaca sejuk | [ʧuaʧa sɛdʒuk] |
| frio | sejuk | [sɛdʒuk] |

sol (m)	matahari	[matahari]
brilhar (vi)	bersinar	[bɛrsinar]
de sol, ensolarado	cerah	[ʧɛrah]
nascer (vi)	terbit	[tɛrbit]
pôr-se (vr)	duduk	[duduk]
nuvem (f)	awan	[avan]
nublado	berawan	[bɛravan]

nuvem (f) preta	awan mendung	[avan mɛnduŋ]
escuro, cinzento	mendung	[mɛnduŋ]
chuva (f)	hujan	[hudʒan]
está a chover	hujan turun	[hudʒan turun]
chuvoso	hujan	[hudʒan]
chuviscar (vi)	renyai-renyai	[rɛnjai rɛnjai]
chuva (f) torrencial	hujan lebat	[hudʒan lɛbat]
chuvada (f)	hujan lebat	[hudʒan lɛbat]
forte (chuva)	lebat	[lɛbat]
poça (f)	lopak	[lopak]
molhar-se (vr)	kebasahan	[kɛbasahan]
nevoeiro (m)	kabus	[kabus]
de nevoeiro	berkabus	[bɛrkabus]
neve (f)	salji	[saldʒi]
está a nevar	salji turun	[saldʒi turun]

86. Tempo extremo. Catástrofes naturais

trovoada (f)	hujan ribut	[hudʒan ribut]
relâmpago (m)	kilat	[kilat]
relampejar (vi)	berkilau	[bɛrkilau]
trovão (m)	guruh	[guruh]
trovejar (vi)	bergemuruh	[bɛrgɛmuruh]
está a trovejar	guruh berbunyi	[guruh bɛrbunji]
granizo (m)	hujan batu	[hudʒan batu]
está a cair granizo	hujan batu turun	[hudʒan batu turun]
inundar (vt)	menggenangi	[mɛŋgɛnaɲi]
inundação (f)	banjir	[bandʒir]
terremoto (m)	gempa bumi	[gɛmpa bumi]
abalo, tremor (m)	gegaran	[gɛgaran]
epicentro (m)	titik	[titik]
erupção (f)	letusan	[lɛtusan]
lava (f)	lahar	[lahar]
turbilhão (m)	puting beliung	[putiŋ bɛliuŋ]
tornado (m)	tornado	[tornado]
tufão (m)	taufan	[taufan]
furacão (m)	badai, taufan	[badaj], [taufan]
tempestade (f)	badai	[badaj]
tsunami (m)	tsunami	[tsunami]
ciclone (m)	siklon	[siklon]
mau tempo (m)	cuaca buruk	[tʃuatʃa buruk]
incêndio (m)	kebakaran	[kɛbakaran]
catástrofe (f)	bencana	[bɛntʃana]

meteorito (m)	meteorit	[meteorit]
avalanche (f)	runtuhan	[runtuhan]
deslizamento (m) de neve	salji runtuh	[saldʒi runtuh]
nevasca (f)	badai salji	[badaj saldʒi]
tempestade (f) de neve	ribut salji	[ribut saldʒi]

FAUNA

87. Mamíferos. Predadores

predador (m)	pemangsa	[pɛmaŋsa]
tigre (m)	harimau	[harimau]
leão (m)	singa	[siŋa]
lobo (m)	serigala	[srigala]
raposa (f)	rubah	[rubah]
jaguar (m)	jaguar	[dʒaguar]
leopardo (m)	harimau akar	[harimau akar]
chita (f)	harimau bintang	[harimau bintaŋ]
pantera (f)	harimau kumbang	[harimau kumbaŋ]
puma (m)	puma	[puma]
leopardo-das-neves (m)	harimau bintang salji	[harimau bintaŋ saldʒi]
lince (m)	lynx	[liŋks]
coiote (m)	koyote	[kojot]
chacal (m)	jakal	[dʒakal]
hiena (f)	dubuk	[dubuk]

88. Animais selvagens

animal (m)	binatang	[binataŋ]
besta (f)	binatang liar	[binataŋ liar]
esquilo (m)	tupai	[tupaj]
ouriço (m)	landak susu	[landak susu]
lebre (f)	kelinci	[kɛlintʃi]
coelho (m)	arnab	[arnab]
texugo (m)	telugu	[tɛlugu]
guaxinim (m)	rakun	[rakun]
hamster (m)	hamster	[hamster]
marmota (f)	marmot	[marmot]
toupeira (f)	tikus tanah	[tikus tanah]
rato (m)	mencit	[mɛntʃit]
ratazana (f)	tikus mondok	[tikus mondok]
morcego (m)	kelawar	[kɛlavar]
arminho (m)	ermin	[ermin]
zibelina (f)	sable	[sable]
marta (f)	marten	[marten]
doninha (f)	wesel	[vesel]
vison (m)	mink	[miŋk]

castor (m)	beaver	[biver]
lontra (f)	memerang	[mɛmɛraŋ]

cavalo (m)	kuda	[kuda]
alce (m)	rusa elk	[rusa elk]
veado (m)	rusa	[rusa]
camelo (m)	unta	[unta]

bisão (m)	bison	[bison]
auroque (m)	aurochs	[oroks]
búfalo (m)	kerbau	[kɛrbau]

zebra (f)	kuda belang	[kuda bɛlaŋ]
antílope (m)	antelop	[antelop]
corça (f)	kijang	[kidʒaŋ]
gamo (m)	rusa	[rusa]
camurça (f)	chamois	[ʃɛmva]
javali (m)	babi hutan jantan	[babi hutan dʒantan]

baleia (f)	ikan paus	[ikan paus]
foca (f)	anjing laut	[andʒiŋ laut]
morsa (f)	walrus	[valrus]
urso-marinho (m)	anjing laut berbulu	[andʒiŋ laut bɛrbulu]
golfinho (m)	lumba-lumba	[lumba lumba]

urso (m)	beruang	[bɛruaŋ]
urso (m) branco	beruang kutub	[bɛruaŋ kutub]
panda (m)	panda	[panda]

macaco (em geral)	monyet	[monjet]
chimpanzé (m)	cimpanzi	[tʃimpanzi]
orangotango (m)	orang hutan	[oraŋ hutan]
gorila (m)	gorila	[gorila]
macaco (m)	kera	[kra]
gibão (m)	ungka	[uŋka]

elefante (m)	gajah	[gadʒah]
rinoceronte (m)	badak	[badak]
girafa (f)	zirafah	[zirafah]
hipopótamo (m)	kuda air	[kuda air]

canguru (m)	kanggaru	[kaŋgaru]
coala (m)	koala	[koala]

mangusto (m)	cerpelai	[tʃɛrpelaj]
chinchila (m)	chinchilla	[tʃintʃilla]
doninha-fedorenta (f)	skunk	[skuŋk]
porco-espinho (m)	landak	[landak]

89. Animais domésticos

gata (f)	kucing betina	[kutʃiŋ bɛtina]
gato (m) macho	kucing jantan	[kutʃiŋ dʒantan]
cão (m)	anjing	[andʒiŋ]

cavalo (m)	kuda	[kuda]
garanhão (m)	kuda jantan	[kuda dʒantan]
égua (f)	kuda betina	[kuda bɛtina]

vaca (f)	lembu	[lɛmbu]
touro (m)	lembu jantan	[lɛmbu dʒantan]
boi (m)	lembu jantan	[lɛmbu dʒantan]

ovelha (f)	kambing biri-biri	[kambiŋ biri biri]
carneiro (m)	biri-biri jantan	[biri biri dʒantan]
cabra (f)	kambing betina	[kambiŋ bɛtina]
bode (m)	kambing jantan	[kambiŋ dʒantan]

burro (m)	keldai	[kɛldaj]
mula (f)	baghal	[baɣal]

porco (m)	babi	[babi]
leitão (m)	anak babi	[anak babi]
coelho (m)	arnab	[arnab]

galinha (f)	ayam	[ajam]
galo (m)	ayam jantan	[ajam dʒantan]

pata (f)	itik	[itik]
pato (macho)	itik jantan	[itik dʒantan]
ganso (m)	angsa	[aŋsa]

peru (m)	ayam belanda jantan	[ajam blanda dʒantan]
perua (f)	ayam belanda betina	[ajam blanda bɛtina]

animais (m pl) domésticos	binatang ternakan	[binataŋ tɛrnakan]
domesticado	jinak	[dʒinak]
domesticar (vt)	menjinak	[mɛndʒinak]
criar (vt)	memelihara	[mɛmɛlihara]

quinta (f)	ladang, estet	[ladaŋ], [estet]
aves (f pl) domésticas	ayam-itik	[ajam itik]
gado (m)	ternakan	[tɛrnakan]
rebanho (m), manada (f)	kawanan	[kavanan]

estábulo (m)	kandang kuda	[kandaŋ kuda]
pocilga (f)	kandang babi	[kandaŋ babi]
estábulo (m)	kandang lembu	[kandaŋ lɛmbu]
coelheira (f)	sangkar arnab	[saŋkar arnab]
galinheiro (m)	kandang ayam	[kandaŋ ajam]

90. Pássaros

pássaro (m), ave (f)	burung	[buruŋ]
pombo (m)	burung merpati	[buruŋ mɛrpati]
pardal (m)	burung pipit	[buruŋ pipit]
chapim-real (m)	burung tit	[buruŋ tit]
pega-rabuda (f)	murai	[muraj]
corvo (m)	burung raven	[buruŋ raven]

gralha (f) cinzenta	burung gagak	[buruŋ gagak]
gralha-de-nuca-cinzenta (f)	burung jackdaw	[buruŋ dʒɛkdo]
gralha-calva (f)	burung rook	[buruŋ ruk]

pato (m)	itik	[itik]
ganso (m)	angsa	[aŋsa]
faisão (m)	burung kuang	[buruŋ kuaŋ]

águia (f)	helang	[hɛlaŋ]
açor (m)	burung helang	[buruŋ hɛlaŋ]
falcão (m)	burung falcon	[buruŋ falkon]
abutre (m)	hering	[hɛriŋ]
condor (m)	kondor	[kondor]

cisne (m)	swan	[svon]
grou (m)	burung jenjang	[buruŋ dʒɛndʒaŋ]
cegonha (f)	burung botak	[buruŋ botak]

papagaio (m)	burung nuri	[buruŋ nuri]
beija-flor (m)	burung madu	[buruŋ madu]
pavão (m)	burung merak	[buruŋ mɛrak]

avestruz (m)	burung unta	[buruŋ unta]
garça (f)	burung pucung	[buruŋ putʃuŋ]
flamingo (m)	burung flamingo	[buruŋ flamiŋo]
pelicano (m)	burung undan	[buruŋ undan]

rouxinol (m)	burung merbah	[buruŋ mɛrbah]
andorinha (f)	burung layang-layang	[buruŋ lajaŋ lajaŋ]

tordo-zornal (m)	burung murai	[buruŋ muraj]
tordo-músico (m)	burung song thrush	[buruŋ soŋ traʃ]
melro-preto (m)	burung hitam	[buruŋ hitam]

andorinhão (m)	burung walet	[buruŋ valet]
cotovia (f)	seri ayu	[sri aju]
codorna (f)	burung puyuh	[buruŋ pujuh]

pica-pau (m)	burung belatuk	[buruŋ bɛlatuk]
cuco (m)	sewah padang	[sɛvah padaŋ]
coruja (f)	burung hantu	[buruŋ hantu]
corujão, bufo (m)	burung jampok	[buruŋ dʒampok]
tetraz-grande (m)	wood grouse	[vud graus]
tetraz-lira (m)	grouse hitam	[graus hitam]
perdiz-cinzenta (f)	ayam hutan	[ajam hutan]

estorninho (m)	burung starling	[buruŋ starliŋ]
canário (m)	burung kenari	[buruŋ kɛnari]
galinha-do-mato (f)	burung hazel grouse	[buruŋ hazel graus]

tentilhão (m)	burung chaffinch	[buruŋ tʃafintʃ]
dom-fafe (m)	burung bullfinch	[buruŋ bulfintʃ]

gaivota (f)	burung camar	[buruŋ tʃamar]
albatroz (m)	albatros	[albatros]
pinguim (m)	penguin	[peŋuin]

91. Peixes. Animais marinhos

brema (f)	ikan bream	[ikan brim]
carpa (f)	ikan kap	[ikan kap]
perca (f)	ikan puyu	[ikan puju]
siluro (m)	ikan keli	[ikan kli]
lúcio (m)	ikan paik	[ikan pajk]
salmão (m)	salmon	[salmon]
esturjão (m)	ikan sturgeon	[ikan sturgeon]
arenque (m)	ikan hering	[ikan hɛriŋ]
salmão (m)	salmon Atlantik	[salmon atlantik]
cavala, sarda (f)	ikan tenggiri	[ikan tɛŋgiri]
solha (f)	ikan sebelah	[ikan sɛblah]
lúcio perca (m)	ikan zander	[ikan zander]
bacalhau (m)	ikan kod	[ikan kod]
atum (m)	tuna	[tuna]
truta (f)	ikan trout	[ikan trout]
enguia (f)	ikan belut	[ikan bɛlut]
raia elétrica (f)	ikan pari elektrik	[ikan pari ɛlektrik]
moreia (f)	ikan moray eel	[ikan morej il]
piranha (f)	pirana	[pirana]
tubarão (m)	jerung	[dʒɛruŋ]
golfinho (m)	lumba-lumba	[lumba lumba]
baleia (f)	ikan paus	[ikan paus]
caranguejo (m)	ketam	[kɛtam]
medusa, alforreca (f)	ubur-ubur	[ubur ubur]
polvo (m)	sotong kurita	[sotoŋ kurita]
estrela-do-mar (f)	tapak sulaiman	[tapak sulajman]
ouriço-do-mar (m)	landak laut	[landak laut]
cavalo-marinho (m)	kuda laut	[kuda laut]
ostra (f)	tiram	[tiram]
camarão (m)	udang	[udaŋ]
lavagante (m)	udang karang	[udaŋ karaŋ]
lagosta (f)	udang krai	[udaŋ kraj]

92. Amfíbios. Répteis

serpente, cobra (f)	ular	[ular]
venenoso	beracun	[bɛratʃun]
víbora (f)	ular beludak	[ular bɛludak]
cobra-capelo, naja (f)	kobra	[kobra]
pitão (m)	ular sawa	[ular sava]
jiboia (f)	ular boa	[ular boa]
cobra-de-água (f)	ular cincin emas	[ular tʃintʃin ɛmas]

cascavel (f)	ular orok-orok	[ular orok orok]
anaconda (f)	ular anaconda	[ular anakonda]

lagarto (m)	cicak	[ʧiʧak]
iguana (f)	iguana	[iguana]
varano (m)	biawak	[biavak]
salamandra (f)	salamander	[salamandɛr]
camaleão (m)	sumpah-sumpah	[sumpah sumpah]
escorpião (m)	kala jengking	[kala ʤɛŋkiŋ]

tartaruga (f)	kura-kura	[kura kura]
rã (f)	katak	[katak]
sapo (m)	katak puru	[katak puru]
crocodilo (m)	buaya	[buaja]

93. Insetos

inseto (m)	serangga	[sɛraŋga]
borboleta (f)	rama-rama	[rama rama]
formiga (f)	semut	[sɛmut]
mosca (f)	lalat	[lalat]
mosquito (m)	nyamuk	[njamuk]
escaravelho (m)	kumbang	[kumbaŋ]

vespa (f)	penyengat	[pɛnjeŋat]
abelha (f)	lebah	[lɛbah]
mamangava (f)	kumbang	[kumbaŋ]
moscardo (m)	lalat kerbau	[lalat kɛrbau]

aranha (f)	labah-labah	[labah labah]
teia (f) de aranha	sarang labah-labah	[saraŋ labah labah]

libélula (f)	pepatung	[pɛpatuŋ]
gafanhoto-do-campo (m)	belalang	[bɛlalaŋ]
traça (f)	kupu-kupu	[kupu kupu]

barata (f)	lipas	[lipas]
carraça (f)	cengkenit	[ʧɛŋkɛnit]
pulga (f)	pinjal	[pinʤal]
borrachudo (m)	agas	[agas]

gafanhoto (m)	belalang juta	[bɛlalaŋ ʤuta]
caracol (m)	siput	[siput]
grilo (m)	cengkerik	[ʧɛŋkrik]
pirilampo (m)	kelip-kelip	[klip klip]
joaninha (f)	kumbang kura-Kura	[kumbaŋ kura kura]
besouro (m)	kumbang kabai	[kumbaŋ kabaj]

sanguessuga (f)	lintah	[lintah]
lagarta (f)	ulat bulu	[ulat bulu]
minhoca (f)	cacing	[ʧaʧiŋ]
larva (f)	larva	[larva]

FLORA

94. Árvores

árvore (f)	pokok	[pokok]
decídua	daun luruh	[daun luruh]
conífera	konifer	[konifer]
perene	malar hijau	[malar hidʒau]

macieira (f)	pokok epal	[pokok epal]
pereira (f)	pokok pear	[pokok pɛar]
cerejeira (f)	pokok ceri manis	[pokok ʧeri manis]
ginjeira (f)	pokok ceri	[pokok ʧeri]
ameixeira (f)	pokok plam	[pokok plam]

bétula (f)	pokok birch	[pokok ′bøʧ]
carvalho (m)	oak	[ouk]
tília (f)	pokok linden	[pokok linden]
choupo-tremedor (m)	pokok aspen	[pokok aspen]
bordo (m)	pokok mapel	[pokok mapel]
espruce-europeu (m)	pokok fir	[pokok fir]
pinheiro (m)	pokok pain	[pokok pajn]
alerce, lariço (m)	pokok larch	[pokok larʧ]
abeto (m)	fir	[fir]
cedro (m)	pokok cedar	[pokok sidɛr]

choupo, álamo (m)	pokok poplar	[pokok poplar]
tramazeira (f)	pokok rowan	[pokok rovan]
salgueiro (m)	pokok willow	[pokok villou]
amieiro (m)	pokok alder	[pokok alder]
faia (f)	pokok bic	[pokok biʧ]
ulmeiro (m)	pokok elm	[pokok ɛlm]
freixo (m)	pokok abu	[pokok abu]
castanheiro (m)	berangan	[bɛraŋan]

magnólia (f)	magnolia	[magnolia]
palmeira (f)	palma	[palma]
cipreste (m)	pokok cipres	[pokok ʧipres]

mangue (m)	bakau	[bakau]
embondeiro, baobá (m)	baobab	[baobab]
eucalipto (m)	eukaliptus	[ɛukaliptus]
sequoia (f)	sequoia	[sekuoja]

95. Arbustos

arbusto (m)	pokok	[pokok]
arbusto (m), moita (f)	pokok renek	[pokok renek]

videira (f)	pokok anggur	[pokok aŋgur]
vinhedo (m)	kebun anggur	[qbun aŋgur]

framboeseira (f)	pokok raspberi	[pokok rasberi]
groselheira-preta (f)	pokok beri hitam	[pokok kismis hitam]
groselheira-vermelha (f)	pokok kismis merah	[pokok kismis merah]
groselheira (f) espinhosa	pokok gusberi	[pokok gusberi]

acácia (f)	pokok akasia	[pokok akasia]
bérberis (f)	pokok barberi	[pokok barberi]
jasmim (m)	melati	[m'lati]

junípero (m)	pokok juniper	[pokok dʒuniper]
roseira (f)	pokok mawar	[pokok mavar]
roseira (f) brava	brayer	[brajer]

96. Frutos. Bagas

fruta (f)	buah	[buah]
frutas (f pl)	buah-buahan	[buah buahan]

maçã (f)	epal	[epal]
pera (f)	buah pear	[buah pear]
ameixa (f)	plam	[plam]

morango (m)	strawberi	[stroberi]
ginja (f)	buah ceri	[buah tʃeri]
cereja (f)	ceri manis	[tʃeri manis]
uva (f)	anggur	[aŋgur]

framboesa (f)	raspberi	[rasberi]
groselha (f) preta	beri hitam	[beri hitam]
groselha (f) vermelha	buah kismis merah	[buah kismis merah]
groselha (f) espinhosa	buah gusberi	[buah gusberi]
oxicoco (m)	kranberi	[kranberi]

laranja (f)	jeruk manis	[dʒeruk manis]
tangerina (f)	limau mandarin	[limau mandarin]
ananás (m)	nanas	[nanas]
banana (f)	pisang	[pisaŋ]
tâmara (f)	buah kurma	[buah kurma]

limão (m)	lemon	[lemon]
damasco (m)	aprikot	[aprikot]
pêssego (m)	pic	[pitʃ]

kiwi (m)	kiwi	[kivi]
toranja (f)	limau gedang	[limau gɛdaŋ]

baga (f)	buah beri	[buah beri]
bagas (f pl)	buah-buah beri	[buah buah beri]
arando (m) vermelho	cowberry	[kauberi]
morango-silvestre (m)	strawberi	[stroberi]
mirtilo (m)	buah bilberi	[buah bilberi]

97. Flores. Plantas

flor (f)	bunga	[buŋa]
ramo (m) de flores	jambak bunga	[dʒambak buŋa]
rosa (f)	mawar	[mavar]
tulipa (f)	tulip	[tulip]
cravo (m)	bunga teluki	[buŋa tɛluki]
gladíolo (m)	bunga gladiola	[buŋa gladiola]
centáurea (f)	bunga butang	[buŋa butaŋ]
campânula (f)	bunga loceng	[buŋa lotʃɛŋ]
dente-de-leão (m)	dandelion	[dandelion]
camomila (f)	bunga camomile	[buŋa kɛmomajl]
aloé (m)	lidah buaya	[lidah buaja]
cato (m)	kaktus	[kaktus]
fícus (m)	pokok ara	[pokok ara]
lírio (m)	bunga lili	[buŋa lili]
gerânio (m)	geranium	[geranium]
jacinto (m)	bunga lembayung	[buŋa lɛmbajuŋ]
mimosa (f)	bunga semalu	[buŋa sɛmalu]
narciso (m)	bunga narsisus	[buŋa narsisus]
capuchinha (f)	bunga nasturtium	[buŋa nasturtium]
orquídea (f)	anggerik, okid	[aŋgrik], [okid]
peónia (f)	bunga peony	[buŋa peoni]
violeta (f)	bunga violet	[buŋa violet]
amor-perfeito (m)	bunga pansy	[buŋa pɛnsi]
não-me-esqueças (m)	bunga jangan lupakan daku	[buŋa dʒaŋan lupakan daku]
margarida (f)	bunga daisi	[buŋa dajsi]
papoula (f)	bunga popi	[buŋa popi]
cânhamo (m)	hem	[hem]
hortelã (f)	mint	[mint]
lírio-do-vale (m)	lili lembah	[lili lɛmbah]
campânula-branca (f)	bunga titisan salji	[buŋa titisan saldʒi]
urtiga (f)	netel	[netel]
azeda (f)	sorrel	[sorel]
nenúfar (m)	bunga telepok	[buŋa tɛlepok]
feto (m), samambaia (f)	paku-pakis	[paku pakis]
líquen (m)	liken	[liken]
estufa (f)	rumah hijau	[rumah hidʒau]
relvado (m)	lon	[lon]
canteiro (m) de flores	batas bunga	[batas buŋa]
planta (f)	tumbuhan	[tumbuhan]
erva (f)	rumput	[rumput]
folha (f) de erva	sehelai rumput	[sɛhelaj rumput]

folha (f)	daun	[daun]
pétala (f)	kelopak	[kɛlopak]
talo (m)	batang	[bataŋ]
tubérculo (m)	ubi	[ubi]

broto, rebento (m)	tunas	[tunas]
espinho (m)	duri	[duri]

florescer (vi)	berbunga	[bɛrbuŋa]
murchar (vi)	layu	[laju]
cheiro (m)	bau	[bau]
cortar (flores)	memotong	[mɛmotoŋ]
colher (uma flor)	memetik	[mɛmɛtik]

98. Cereais, grãos

grão (m)	biji-bijian	[bidʒi bidʒian]
cereais (plantas)	padi-padian	[padi padian]
espiga (f)	bulir	[bulir]

trigo (m)	gandum	[gandum]
centeio (m)	rai	[raj]
aveia (f)	oat	[oat]
milho-miúdo (m)	sekoi	[sɛkoj]
cevada (f)	barli	[barli]

milho (m)	jagung	[dʒaguŋ]
arroz (m)	beras	[bras]
trigo-sarraceno (m)	bakwit	[bakvit]

ervilha (f)	kacang sepat	[katʃaŋ sɛpat]
feijão (m)	kacang buncis	[katʃaŋ buntʃis]
soja (f)	kacang soya	[katʃaŋ soja]
lentilha (f)	kacang lentil	[katʃaŋ lentil]
fava (f)	kacang	[katʃaŋ]

PAÍSES DO MUNDO

99. Países. Parte 1

Afeganistão (m)	**Afghanistan**	[afɣanistan]
África do Sul (f)	**Afrika Selatan**	[afrika sɛlatan]
Albânia (f)	**Albania**	[albania]
Alemanha (f)	**Jerman**	[dʒerman]
Arábia (f) Saudita	**Saudi Arabia**	[saudi arabia]
Argentina (f)	**Argentina**	[argentina]
Arménia (f)	**Armenia**	[armenia]
Austrália (f)	**Australia**	[australia]
Áustria (f)	**Austria**	[ostria]
Azerbaijão (m)	**Azerbaijan**	[azerbajdʒan]
Bahamas (f pl)	**Kepulauan Bahamas**	[kɛpulawan bahamas]
Bangladesh (m)	**Bangladesh**	[baŋladeʃ]
Bélgica (f)	**Belgium**	[beldʒem]
Bielorrússia (f)	**Belarus**	[belarus]
Bolívia (f)	**Bolivia**	[bolivia]
Bósnia e Herzegovina (f)	**Bosnia-Herzegovina**	[bosnia hɛttsigovina]
Brasil (m)	**Brazil**	[brazil]
Bulgária (f)	**Bulgaria**	[bulgaria]
Camboja (f)	**Kemboja**	[kembodʒa]
Canadá (m)	**Kanada**	[kanada]
Cazaquistão (m)	**Kazakhstan**	[kazahstan]
Chile (m)	**Chile**	[tʃili]
China (f)	**China**	[tʃina]
Chipre (m)	**Cyprus**	[sajprɛs]
Colômbia (f)	**Colombia**	[kolombia]
Coreia do Norte (f)	**Korea Utara**	[korea utara]
Coreia do Sul (f)	**Korea Selatan**	[korea sɛlatan]
Croácia (f)	**Croatia**	[krouɛjʃa]
Cuba (f)	**Cuba**	[kjuba]
Dinamarca (f)	**Denmark**	[denmark]
Egito (m)	**Mesir**	[mɛsir]
Emirados Árabes Unidos	**Emiriah Arab Bersatu**	[ɛmiria arab bɛrsatu]
Equador (m)	**Ecuador**	[ɛkuador]
Escócia (f)	**Scotland**	[skotlɛnd]
Eslováquia (f)	**Slovakia**	[slovakia]
Eslovénia (f)	**Slovenia**	[slovenia]
Espanha (f)	**Sepanyol**	[spanjol]
Estados Unidos da América	**Amerika Syarikat**	[amerika çarikat]
Estónia (f)	**Estonia**	[estonia]
Finlândia (f)	**Finland**	[finlɛnd]
França (f)	**Perancis**	[prantʃis]

100. Países. Parte 2

Gana (f)	Ghana	[ɣana]
Geórgia (f)	Georgia	[dʒodʒia]
Grã-Bretanha (f)	Great Britain	[grejt britɛn]
Grécia (f)	Greece	[gris]
Haiti (m)	Haiti	[hejiti]
Hungria (f)	Hungary	[haŋɛri]
Índia (f)	India	[india]

Indonésia (f)	Indonesia	[indonesia]
Inglaterra (f)	Inggeris	[iŋgris]
Irão (m)	Iran	[iran]
Iraque (m)	Iraq	[irak]
Irlanda (f)	Ireland	[ajɛlɛnd]
Islândia (f)	Iceland	[ajslɛnd]
Israel (m)	Israel	[izrael]

Itália (f)	Itali	[itali]
Jamaica (f)	Jamaica	[dʒamajka]
Japão (m)	Jepun	[dʒepun]
Jordânia (f)	Jordan	[dʒodɛn]
Kuwait (m)	Kuwait	[kuvejt]
Laos (m)	Laos	[laos]
Letónia (f)	Latvia	[latvia]

Líbano (m)	Lubnan	[lubnan]
Líbia (f)	Libya	[libia]
Liechtenstein (m)	Liechtenstein	[lihtenstajn]
Lituânia (f)	Lithuania	[lituania]
Luxemburgo (m)	Luxembourg	[laksemburg]
Macedónia (f)	Macedonia	[masedonia]
Madagáscar (m)	Madagascar	[madagaskar]

Malásia (f)	Malaysia	[malajsia]
Malta (f)	Malta	[malta]
Marrocos	Maghribi	[maɣribi]
México (m)	Mexico	[meksiko]
Myanmar (m), Birmânia (f)	Myanmar	[mjanmar]
Moldávia (f)	Moldavia	[moldavija]
Mónaco (m)	Monaco	[monekou]

Mongólia (f)	Mongolia	[moŋolia]
Montenegro (m)	Montenegro	[montenegro]
Namíbia (f)	Namibia	[namibia]
Nepal (m)	Nepal	[nepal]
Noruega (f)	Norway	[norvej]
Nova Zelândia (f)	New Zealand	[nju zilɛnd]

101. Países. Parte 3

| Países (m pl) Baixos | Belanda | [blanda] |
| Palestina (f) | Palestine | [palestin] |

Panamá (m)	Panama	[panama]
Paquistão (m)	Pakistan	[pakistan]
Paraguai (m)	Paraguay	[paraguaj]
Peru (m)	Peru	[peru]
Polinésia Francesa (f)	Polinesia Perancis	[polinesia prantʃis]

Polónia (f)	Poland	[polɛnd]
Portugal (m)	Portugal	[portugal]
Quénia (f)	Kenya	[kenia]
Quirguistão (m)	Kirgizia	[kirgizia]
República (f) Checa	Republik Czech	[republik tʃeh]
República (f) Dominicana	Republik Dominika	[republik dominika]
Roménia (f)	Romania	[romania]

Rússia (f)	Rusia	[rusia]
Senegal (m)	Senegal	[senegal]
Sérvia (f)	Serbia	[serbia]
Síria (f)	Syria	[siria]
Suécia (f)	Sweden	[svidɛn]
Suíça (f)	Switzerland	[svizelɛnd]
Suriname (m)	Suriname	[surinam]

Tailândia (f)	Thailand	[tailand]
Taiwan (m)	Taiwan	[tajvan]
Tajiquistão (m)	Tajikistan	[tadʒikistan]
Tanzânia (f)	Tanzania	[tanzania]
Tasmânia (f)	Tasmania	[tasmania]
Tunísia (f)	Tunisia	[tunisia]
Turquemenistão (m)	Turkmenistan	[turkmenistan]

Turquia (f)	Turki	[turki]
Ucrânia (f)	Ukraine	[jukrejn]
Uruguai (m)	Uruguay	[uruguaj]
Uzbequistão (f)	Uzbekistan	[uzbekistan]
Vaticano (m)	Vatican	[vɛtiken]
Venezuela (f)	Venezuela	[venezuela]
Vietname (m)	Vietnam	[vjetnam]
Zanzibar (m)	Zanzibar	[zanzibar]

www.ingramcontent.com/pod-product-compliance
Lightning Source LLC
Chambersburg PA
CBHW070830050426
42452CB00011B/2225